풍요로운 가난

풍요로운 가난

이상훈 산문집

반달뜨는꽃섬

들어가면서

가난은 내 삶의 또 다른 이름이었다. 칼국수에 피어오르는 김 속에서, 어머니 손에 스민 굳은살 속에서, 논에서 들에서, 혹은 학교 교문 앞에서, 가난은 나를 불러 세웠다. 그러나 그것은 결코 초라한 부름이 아니었다. 모자람의 틈새에서 피어난 웃음과, 빈자리의 어둠을 뚫고 스며든 햇살은 내 생을 충만하게 빛내 주었다.

나는 오래도록 기억의 거친 자갈길을 걸어왔다. 외로움에 발목 잡혀 쓰러지던 날도 있었고, 이름 모를 들꽃에 발걸음을 멈추던 봄날도 있었으며, 눈물로만 젖어 있던 밤 또한 수없이 지나왔다. 그 모든 것은 내가 살아 있음을 증명하는 가장 투명한 기호였고, 다시금 삶을 일으켜 세우는 힘이 되었다. 풍요는 가난의 언저리에서 피어났다. 백숙 냄새로만 가득하던 저녁 식탁과, 작은 떡을 나누며 환히 웃던 이웃들의 얼굴, 교실에서 아이들의 이름을 불러주던 순간들은 소박했으나 가장 넉넉한 풍경으로 내 삶을 채웠다.

삶이란 거창한 소유가 아니라 작은 것들 속에서 끝내 빛을 발견하는 일임을, 그 모든 날이 내게 가르쳐 주었다. 때로는 어둠으로

만 보였던 시절조차, 다른 눈으로 바라보면 별빛처럼 반짝이며 은총으로 다가왔다. 소유하지 못한 것들이 내 마음을 더 깊이 길렀고, 잃어버린 것들이 오히려 남아 있는 것들의 귀함을 일깨워 주었다.

이 책은 그러한 깨달음의 자취를 담은 기록이다. 꽃잎처럼 흩날린 이야기와 물방울처럼 맑은 기억과 눈물처럼 뜨거운 순간들이 한데 모여, 내 삶이 걸어온 길을 '풍요로운 가난'이라 부르게 되었다. 부디 이 책을 펼치는 이들도 각자의 가슴 속에서 가난하여 더욱 빛났던 시간, 모자라서 오히려 아름다웠던 날들을 다시 만나시길 바란다. 그리하여 우리 모두의 삶 속에 숨어 있는 풍요가, 이 작은 고백을 통하여 새삼스레 깨어나기를.

목차

2부. 계절의 숨결

3부. 떠남이 남긴 빛

4부. 소박한 것들이 지켜온 삶

1부
내안의 풍경

나

　나는 나에게 늘 관심이 많다. 내가 좋아하는 사람, 내가 좋아하는 색깔, 내가 좋아하는 음식……. 늘 내가 좋아하는 것들에 싸여 살고 싶다.

　나는 생각이나 행동이 자유로운 사람을 좋아한다. 어떤 일이든 머리를 싸매고 끙끙대는 모습을 보면 답답하다. 그것이 삶을 풍요롭게 하는지, 행복하게 하는지 짧게 생각하고 실천으로 옮기는 사람을 좋아한다.

　젊은 시절, 나는 정성스러운 사람을 좋아했다. 아무렇게나 대충대충 하는 사람을 보면 가까이하지 않았다. 그렇다고 답답할 정도로 꼼꼼한 것을 좋아하는 것은 아니었다. 적어도 하는 일이든 물건이든 방법이든 거기에 마음이 담겨 있어야 한다고 생각했다.

　'정성'을 생각하면 늘 떠오르는 장면이 바로 형님의 결혼식이다. 결혼 후 다니러 간 처가댁에서 해온 떡을 두어 개씩 온 동네 — 아마 100여 가구는 족히 되었을 적에 — 나누면서 사람들의 "오, 정성이 왔구나!" 하는 말을 들으면서 '정성'이라는 말이 그렇게 좋았다. 떡이 아니라 정성으로 불렸던 떡 두어 개. 정성스럽게 해서 보내온 떡을 온 동네가 나누어 먹었다. 나누는 사람도 기쁘고, 받는 사람도 행복한 풍경이었다. 그때부터 나도 정성스럽게 살아야지 하는 생각을 했던 것 같다.

나는 신명이 많은 사람도 좋아했다. 아마 상쇠잡이 아버지의 영향이 컸을 것이다. 술이라고는 한 방울도 입에 대지 못하시는 아버지가 꽹과리를 치면서 신명이 나게 풍물패를 이끌어 가시는 모습은 정말 멋있어 보였다. 술을 한 잔 마셔야 노래하고 춤출 수 있는 신명은 제대로 된 신명이 아니다. 언제든 신이 나면 바로 노래하고 춤출 수 있는 신명이야말로 살아 있는 신명이다.

늘 새로운 것을 꿈꾸는 사람을 좋아했던 것은 세상의 변화에 관심을 가지면서부터였을 것이다. 매일 매일 새롭게 태어날 수 있으면 얼마나 좋을까? 아이들에게 일기를 쓰라고 하면 매일 똑같은 생활의 반복인데 무슨 일기를 쓰느냐고 되묻는다. 누구에게든 매일 같은 생활이란 없다. 있을 수도 없다. 새로운 변화를 느끼며 살아가는 사람, 새로운 변화를 과감하게 받아들이면서 한 뼘 더 성장해 가는 사회, 이 얼마나 멋있는 일인가.

어느덧 나이가 들면서 자유롭게 살고 싶어졌다. 나이가 주는 혜택일지도 모른다. 빡빡한 일상에서 한발 물러서서 사람이든 일이든 순하게 받아들이며 여유를 가지고 싶은 데서 오는 마음의 선택일 것이다.

나이가 들수록 순수하고 겸손하게 산다는 게 어려운 일이라는 생각을 하게 된다. 다들 자기를 드러내고 싶어서 온갖 욕심을 다

짙어지고 살아가는 모습을 보면 더욱 그런 생각이 든다. 자본주의에 젖어 들면 젖어 들수록 돈의 무게에 짓눌려 인격을 돈으로 계산하며 살아가는 세상이 되면서 그런 현상은 더욱 심해졌다. '어린이처럼 되지 않고는 결코 하늘나라에 들어갈 수 없다.'고 한 성경 구절이 말하고자 하는 의미가 점점 더 무거워짐을 느낀다.

나는 주황색을 좋아한다. 한동안 보라색을 좋아하던 내가 언제부턴가 주황색이 좋아졌다. 색깔을 써야 할 때면 제일 먼저 주황색을 들게 된다. 옷을 살 때도 내가 좋아하는 주황색이 있는지 먼저 살핀다.

어떤 사람들은 건강 상태에 따라서 좋아하는 색깔이 달라진다고도 하고 어떤 사람들은 마음이 드러나는 것이라고도 한다. 어떤 이유든 그것은 나를 대변하는 것이고 내 관심의 범위 안에 자리 잡고 있다는 것이 중요해 보인다.

어릴 때는 칼국수를 먹지 않았다. 어머니가 칼국수를 하시는 날은 나 혼자 찬밥을 먹는 날이었다. 그때는 왜 칼국수가 그렇게 싫었는지 모르겠다. 칼국수를 하는 안반 옆에 쪼그리고 앉아 어머니가 잘라 주시는 '국시꼬랑지'를 목매어 기다렸으면서도 국수는 먹지 않았다.

언제부턴가 싫어하던 칼국수가 그렇게 맛있을 수가 없다. 지금은 가장 좋아하는 음식이 되어 국숫집을 찾는 일이 잦아졌다.

내가 또 좋아하는 음식 중 하나가 바로 백숙이다. 주로 튀김을 좋아하는 사람들이 많지만 나는 닭의 배를 가르고 그 안에 찹쌀을 넣어서 푹 삶은 백숙을 좋아한다. 어머니의 백숙 끓이는 솜씨는 단연 으뜸이었다. 지금은 그 솜씨를 아내가 이어받아서 백숙을 끓이고 있는데 풍겨오는 냄새만으로도 기분이 좋아진다.

사람들은 누구나 제일 먼저 '나'를 생각한다. 내가 행복했으면 좋겠고, 내가 존중받기를 원한다. 그것은 사람이라면 누구나 가지게 되는 인지상정이다. 생각이든 행동이든 마음이든 늘 자기 자신을 향하게 되어 있는 것이다. 그것을 이기적이라고 말하는 사람은 없다.

고등학교 시절, 미술 시간이었다. 인물화를 그리는데 내 자취방에서 아주 가까운 곳에 사는 친구가 모델로 선정되었다. 늘 함께 다니는 시간이 많았던 친구여서 그를 닮게 그리는 데 큰 어려움이 없었다.

그림을 다 그리고 난 다음 선생님께서 몇 작품을 뽑아 드시더니 제일 먼저 내 그림을 소개하셨다.

"제일 닮게 그렸지요?"

그게 다였다. 다음 친구는 자리에서 일어서라고 하시더니 그 친구가 그린 그림을 그의 얼굴 옆에 갖다 대셨다. 모델과 관계없이 그 친구를 닮아 있었다. 놀라웠다. 사람들은 누구를 그리든 결국 자신을 보고 있다는 것이다.

그 후 나는 있는 그대로 그리려고 애쓰지 않았다. 그게 그다지 의미 있는 일도 아니라는 생각이 들었기 때문이다. 내가 만든 장승은 나를 닮아 있었고, 글씨는 내 마음을 닮아 가고 있었다.

이렇게 사람들은 의식적이든 무의식적이든 '나'를 향해 서 있다. '나'를 감싸고 있고, '나'를 풍요롭게 하려고 애쓰며 살아가고 있다.

　내가 나를 항상 보면서 내 안에서 살아가고 있다는 것을 느끼면서부터 나는 '나'를 진심으로 사랑하게 되었다. 그것은 풍요로운 행복감으로 이어졌다.

　나는 오늘도 내가 좋아하는 사람을 찾아 나선다. 내가 좋아하는 색깔을 찾아 나서고 음식을 찾아 나서면서 너무 행복해하는 '나'를 만난다.

이름

　누구나 이름을 불러주면 기쁘다. 조용히 가라앉아 있던 의식이 이름을 불리는 순간 꿈틀거리기 시작한다. 기쁘기도 하고 즐겁기도 하고 신명이 나서 "예!"하고 대답하는 순간, 드디어 공감의 세상이 환히 열린다.

　이름은 사람마다 각자 가지고 있는 아름다운 정신적 공간이다. 그 누구도 범할 수 없는 기운으로 자기를 감싸고 안아 포근히 쉬게 하는 그늘이다. 기쁘게 찾아오는 사람들을 기꺼이 맞이하고 밝은 미소로 자신을 전하는 전령사다.

　이름을 모르면 그 사람을 모른다. 그 사람의 내면에 있는 세상을 볼 수가 없다. 이름은 그 사람으로 들어가는 유일한 통로이기 때문이다.

　4형제가 만나는 명절이면 서른 명에 가까운 식구들이 모인다. 한 해에 두어 번 만나는 그 아이들의 이름을 선뜻 불러주기가 쉽지 않다. 물어보거나 어림짐작으로 기억해 입안에서 우물우물 두어 번 흥얼거리고 나서야 이름을 부른다. 그래도 같은 형제거나 비슷한 이름의 경우 헛갈리기 일쑤다. 큰아이가 지영인지, 작은아이가 지영인지 몇 번을 부르고 나서야 제대로 부르기도 한다.

학년 초, 반 아이들을 맡으면 젊을 때는 2, 3일이면 다 외워 정확하게 이름을 불러줄 수가 있었는데 나이가 들면서 한 주일을 넘겨도 다 모를 때가 있었다. 그러면 아이들에게 미안하다. 사진을 펼쳐 놓고 열심히 외워서 드디어 정확하게 이름을 불러주면 나도 기쁘고 아이들도 기쁘다.

나는 세상에 태어난 지 이태나 지나서야 이름을 얻었다. 흡족할 만큼 아들이 많았던 - 내 위로 3형제나 있었다 - 부모님은 나의 출생이 별로 반갑지 않으셨던 모양이다. 차라리 딸이었으면 반가워하셨을지도 모르겠다. 어쨌든 이름도 없이 이태를 지나고 나서야 겨우 얻은 이름이 상훈(相勳)이었다. 이왕 짓는 이름이니 의미 있는 이름으로 지어주어야겠다고 생각하신 아버지는 서로 상(相)자에 크게 될 훈(勳)자를 넣어 서로에게 도움이 되는 큰 사람이 되라는 뜻으로 꽤 그럴듯한 이름을 붙여 주셨다.

문제는 그다음이었다. 출생 신고를 하는 과정에서 면서기의 실수로 크게 될 훈(勳)자에서 힘력(力)자가 빠져버린 것이다. 순식간에 나는 불사를 훈(熏)자를 내 이름으로 가지게 되었고 그것을 제대로 알게 된 것도 철이 들어서 한자를 만나게 된 후 호적초본을 떼어보고 난 다음이었다. 그전에는 늘 아버지께서 가르쳐 주신대로 크게 될 훈(勳)자로 내 이름을 썼던 씁쓰레한 기억을 지니고 있다. 지금은 어쩌면 그게 더욱더 정열적으로 뜨겁게 세상을 살아가라는 계시였을지도 모른다고 생각하면서 내 이름을 보듬어 안는다.

세상 사람들은 누구나 자기 이름을 가지고 있다. 그 이름이 엄청난 무게를 지닌 사람이 있는가 하면 바람처럼 먼지처럼 사라져 가는 이름도 있다. 늘 잊을 수 없는 그리움으로 다가오는 달콤한 이름이 있는가 하면 입에 담고 싶지 않은 이름도 있다.

사람들은 어떤 모습으로든 자기의 이름을 남기고 싶어 한다. 돌에다, 심지어는 쇠에다가 억지로 새기기도 하고 종이에다 새겨서 퍼뜨리기도 한다. 하지만 사람들의 마음에 새겨지지 않은 이름은 헛일이다.

숱한 세상 사람들의 입에 회자되는 무게 있는 이름들이 많이 있다. 그 가운데서 기꺼이 십자가에 못 박히면서도 세상 사람들의 구원을 위하여 끝까지 자신을 내던진 '예수'라는 이름이 있는가 하면 왕자라는 신분을 버리고 기꺼이 고행의 길을 선택한 '석가모니', 평생 사람들이 어떤 나라에서 어떻게 사는 것이 제대로 사는 것인지를 고민하며 천하를 돌아다닌 '공자'와 '맹자', '소크라테스' 같은 이름은 참으로 향기롭고 무게 있는 이름이다. 얼마나 많은 사람이 그 이름을 따라서 살고 싶어 하는가? 단지 그 이름을 알고 있다는 것만으로도, 부를 수 있다는 것만으로도 얼마나 행복해하는가?

이런 이름들을 보면 이름은 세상에 태어났을 때 지어지는 것이라기보다는 죽어가면서 남기는 것이다. 이름을 가지고 살아가지만, 그 이름에 향기와 힘을 불어넣는 것은 결국 죽을 때까지 자기 자신이 해야 할 일이기 때문이다. 그런 점에서 보면 산다는 것은, 자기 자신의 이름에 향기와 기운을 불어넣는 일이다.

삶의 생산성

아픈 몸으로 산다. 아프지 않은 사람은 없다. 아프다고 건강하지 않은 것이 아니다. 아프면서 건강한 모습이 오히려 더 아름답다.

건강의 잣대는 통증이 아니라 생산성이다. 아픈 사람이건, 건강한 사람이건 어떤 사람에게서 풍기는 생산적 품격은 통증을 초월한다.

앞이 보이지 않는 친구의 걸음걸이에서 풍기는 건강미에 놀란다. 암 투병 친구의 끊이지 않는 의연한 미소에서 향기가 풍긴다. 심지어 그렇게 죽어간 친구의 장례식이 잔치처럼 풍요롭게 느껴지기도 한다.

몇 년 전, 함께 활동하던 친구가 뼛속에 악성 종양이 있다는 판정을 받았다. 암 중에서 가장 통증이 심하다는 육종암 앞에서도 웃음을 잃지 않았다. 우리나라에서는 치료가 힘들다는 진단 앞에서도 의연함을 잃지 않았다. 위로차 방문한 사람들에게 오히려 힘을 실어주고 있었다. 건강한 사람들보다 더 건강해 보였다. 아, 이게 삶이 뿜어내는 생산성이구나 하는 생각이 온몸을 짜릿하게 파고들었다. 놀라웠다.

"아프면 아프다고 해요. 제발!"

"괜찮아. 아프면 당연히 아프다고 하고말고. 나 괜찮아 보이지? 조금의 가능성이라도 있다고 하는 한 포기하지 않을 거야. 걱정하지 마."

건강한 사람들을 오히려 위로하고 있었다. 기념사진이라도 하나 찍고 가야지 그냥 가느냐고 농담을 던져 나오던 발길을 다시 멈추게 하던 그의 밝은 기운은 호스피스병동임을 잠시 잊어버리게 했다. 그의 어엿한 모습은 성한 사람들의 생산성을 훌쩍 뛰어넘고 있었다. 몸이 건강하다는 것을 부끄럽게 했다.

엄마는 일철이면 손님처럼 찾아오는 통증으로 손도 허리도 제대로 펴지 못했다. 허리에 깨금발을 하고 올라서도 손목까지도 가지 못하는 내 어린 기운, 그 시답잖은 몸무게를 아무리 불러 세워도 일이 끝나기 전에는 수그러들 줄을 몰랐다. 끈질기게 달라붙는 통증을 끌고 진밭골밭으로 정자나뭇골 밭으로 씩씩하게 다니시던 엄마의 가슴에는 늘 콩이 서 말, 팥이 너 말이 되는 희망이 환하게 빛나고 있었다.

첫 손자를 잃고 나오던 병원 다리에서 떨어져 삐거덕거리는 골반으로 평생을 살아오시면서도 순순히 받아들이는 서러운 방법이지만 땅속 깊이 닻을 내리고 아흔두 해를 끄떡없이 살다 가셨다.

오히려 내가 느끼는 엄마의 통증을 엄마는 모르는 듯 초연했다.

눈이 짓무른다며 증류수 한 방울을 눈에 넣으시면서 더 큰 아픔은 아무렇지도 않은 듯 감추셨다. 대상포진이 무엇인지도 몰라 더 컸을 통증 위에 물파스를 쓱쓱 문지르면서 곧 괜찮아질 거라고 오히려 우리를 안심시키시던 엄마의 모습은 온 식구를 일어서게 하는 힘이었다. 그게 나는 엄마가 보여주신, 보이지 않는 삶의 생산성이라고 믿는다.

눈에 보이는 생산성은 차라리 가볍다. 눈에 보이지 않는 생산성이 마음을 밝히고, 가슴을 설레게 한다.

봄이면 논에 모내기를 하고, 밭에 온갖 작물들을 심으면서 생산성을 기대한다. 벼는 한 알의 벼에서 수백 알의 벼가 나옴으로써 생산성이 뛰어나다. 강낭콩도 생산성이 좋은 편이다. 한 알의 강낭콩을 심으며 꼬투리의 숫자에 따라 꽤 많은 양이 나온다. 마늘은 다른 작물들에 비해 생산성이 낮은 편이다. 한 알을 심으면 기껏해야 여섯 배 정도로 불어나는데 그치기 때문이다. 가장 눈에 띄는 작물은 참깨 들깨다. 작은 씨앗 하나를 심는데 거둘 때는 수천 알의 깨가 와르르 쏟아져서 기분을 좋게 하는 대표적인 작물이다.

농사를 조금이라도 지어 본 사람은 안다. 이렇게 눈에 드러나는 생산성 앞에서 기쁨을 감추기가 어렵다. 감자 한 알을, 그것도 서너 번 쪼개어서 놓았는데 거기서 굵은 감자가 열 개쯤 나온다면 감탄하지 않을 사람이 어디 있겠는가? 와르르 쏟아지는 벼를 가마니에 담으면서 농부는 조금도 힘들지 않다. 강낭콩을 까면서, 마늘을 바람이 잘 통하는 그늘에 매달면서, 깨가 폭포처럼 쏟아지는 마당에 서 있는 것만으로 행복하다.

이렇게 눈에 보이는 생산성에 비해 눈에 보이지 않는 생산성은 마술처럼 우리 삶의 전반에 숨어 있다. 한마디 말이 다 죽어가던 사람을 살리기도 하고, 따뜻한 손길 하나가 쓰러진 사람을 일으킨다. 껄껄껄 웃는 시원한 웃음소리도, 살포시 번지는 포근한 미소도 사람들을 끌어당기며 살맛 나게 하는 힘을 가진다.

교통사고로 온몸을 송두리째 잃어버리고 머리만 살아있는 어떤 사람의 이야기는 어떤 상황에서도 생산적일 수 있는 삶의 표본으로 가슴을 설레게 한다.

처음에는 위로차 병문안을 오던 사람들이 많았다. 사람들만 오면 눈물을 흘리면서 신세를 한탄하는 말로 가득 채우는 이 사람을 보면서 그 발길들이 하나둘 끊어지기 시작했다.

"제가 할 수 있는 일이 뭐가 있어요? 저는 살아있을 이유가 없어요."

"왜 당신이 할 수 있는 일이 없어요. 사람들이 오거든 그냥 조용히 웃으시면 돼요. 그냥 한번 해 봐요."

웃으면서 자신의 마음도 평화를 얻고 찾아오는 사람들에게도 평안을 주었다는 이야기는 얼굴만 살아있어도 얼마든지 생산적 기품을 가질 수 있다는 것을 깨닫게 한다. 오히려 더 큰 생산성으로 사람들의 마음을 풍요롭게 한다. 우리가 아프면서도 자신을 어떻게 인간으로서 생산하느냐 하는 질문이야말로 가장 현실적이다. 그것은 통증을 제대로 바라보고, 받아 안는 일에서부터 시작되고 가능해진다.

생산성은 마음에서 나온다. 아무리 건강한 몸을 가지고 있다고 해도 생산성을 가지고 있지 못하면 건강할 수가 없다. 아무리 어려운 상황 속에 있다고 해도 생산성을 가지고 있다면 얼마든지 건강할 수 있다는 생각은 나를 항상 따뜻하게 위로한다.

꽃

　나는 꽃을 좋아한다. 꽃을 싫어하는 사람은 없겠지만, 꽃을 보면 나도 모르게 사랑하는 사람을 만났을 때의 그 황홀하고 포근한 감성 안으로 빠져든다. 모양이나 색깔에 잠기기도 하고, 향기 앞에서 눈을 감기도 한다. 특별하게 생긴 꽃은 한참 동안 그 모양을 감상하면서 이야기를 나누기도 한다.

　특별히 관심이 가는 어떤 꽃을 찾아 나선 적은 없었다. 그것은 관심이 없었다는 이야기와는 다르다. 관심이 없었다기보다는 관심을 가질 필요가 없었기 때문일 것이다. 늘 꽃과 더불어 살아왔고, 주위에는 언제나 어떤 꽃이든 있었다. 자연 속에서 살아온 덕분이다. 어머니 아버지가 늘 내 옆에 계셨듯이, 우리 집이 늘 그 자리에서 나를 지켰듯이 꽃도 늘 내 주위에 함께 있었고, 그것은 너무나 당연한 것으로 오히려 관심을 가지고 다가서서 유별나게 구는 것 자체가 이상한 일이었다.

봄이면 마당 앞에 살구꽃이 흐드러지게 피어서 온 집안을 환하게 밝혔다. 학교를 오가던 논둑길에는 제비꽃이 각양각색으로 피어 수줍은 듯 인사를 건넸고, 고개를 넘어 헐떡이면서 가는 산길에는 여지없이 진달래 개나리가 지천으로 피어, 진달래를 훑어 먹으면서 입술이 바알갛게 되는 것은 낯선 모습이 아니었다. 산수유, 생강나무 꽃도 참 이뻤고, 산벚꽃은 또 얼마나 화려하게 산들을 수놓았던가? 계절을 이어서 피는 꽃들은 이루 헤아릴 수가 없을 만큼 많았다.

낮은 산 양지바른 곳에서 하얀 자태를 뽐내던 조팝나무꽃도 예뻤고, 소를 몰고 나간 냇가에는 패랭이꽃이 군데군데 무더기로 피어 있었다. 원추리와 산나리꽃은 말할 것도 없고, 이름 모를 온갖 꽃들이 온통 산과 들에 피어 때로는 소먹이가 되기도 하고, 아이들의 놀잇감이 되기도 했다. 비 오는 여름 뒷문을 열고 뒤뜰을 바라보노라면 언제 아버지가 옮겨다 심어 놓으셨는지 나리꽃이 엄청 굵은 줄기를 자랑하면서 흐드러지게 꽃을 피운 채 흔들거리고 있는 모습이 지금도 가슴 속에 생생하게 살아있다.

봉숭아나 분꽃은 울타리 옆에서 쉽게 볼 수 있는 꽃이었고, 꽃을 좋아하는 정성스러운 아낙네가 사는 집 토담 위에서는 여러 가지 채송화가 저마다의 색깔을 자랑하면서 앙증맞게 피어 있었다. 달맞이꽃이나 망초꽃 따위는 아예 꽃 대접도 받지 못했고, 쑥부쟁이는 잠자리를 잡는 데 사용했다. 쑥부쟁이를 꺾어서 천천히 돌리면서 주문(呪文) —우리는 그것을 주문이라고 했다 —을 외면 잠자리가 최면이라도 걸린 듯 쑥부쟁이에 와서 앉았고, 아이들은 그렇게 잡은 잠자리를 시집 보내면서 즐거워했다.

제일 인기가 있었던 꽃은 역시 진달래였다. 꽃 속에 문둥이가 숨어 있다가 아이들을 잡아 간을 빼먹으면 낫는다는 이야기가 퍼지면서 아이들은 오히려 더 진달래에 관심을 가졌고, 한 아름씩 꺾어 와서는 하릴없이 버리면서도 자꾸만 꺾고 싶어 했던 꽃이 진달래였다. 진달래 화전 이야기를 많이 들었지만, 어릴 때 화전을 부쳐서 먹을 만큼의 여유는 없었다. 어른이 되어서야 우리 반 아이들과 진달래 화전을 부치면서 반죽이 너무 질게 되어서 고생했던 기억, 진달래 잎이 까맣게 되어버린 화전을 보면서 어이없는 웃음을 터트렸던 기억이 새롭다.

과실나무가 많지 않던 시절이라, 사과꽃은 동네에서 제일 부잣집에서나 볼 수 있는 꽃이었고, 자두나 배꽃은 거의 구경을 하지 못했다. 학교 가는 산길 비탈에 복숭아밭이 있어서 봄이면 복사꽃이 참으로 화사했는데, 우리는 꽃의 아름다움에 취하기보다는 군침을 먼저 삼켰다. 복숭아가 채 익기도 전에 쌀을 빻으면 나오는 등겨-주로 소나 돼지의 먹이로 사용했다-몇 바가지를 어머니께 얻어서 들고 가면 복숭아랑 바꾸어 올 수가 있었다. 그때 먹던 그 복숭아 맛은 지금도 잊을 수가 없다.

감꽃은 낭만적인 놀이를 많이 제공했던 꽃이다. 주워서 먹기도 했지만 작으면 작은 대로 크면 큰 대로 모아서 목걸이를 만들어 선물하기도 했고, 소꿉놀이 재료로도 아주 고급스러운 재료가 되었다.

키 큰 삼엽국이 담 너머로 삐죽이 고개를 내밀어 지나치는 이웃들에게 인사를 건네는 계절이면, 감자나 옥수수 삶는 냄새가 집집

마다 구수하여, 넉넉한 시골 분위기에 푹 젖어 들게 했다. 마당에 멍석을 펴 놓고, 칼국수를 빚는 어머니의 모습을 볼 때면 그 평화스러운 모습이 늘 해바라기처럼 내 마음을 밝게 하여 응석 부리듯이 옆에 붙어 앉아서 국수 꼬랑지를 서로 많이 얻으려고 형과 싸우곤 했던 기억도 새롭다. 모깃불을 피워 놓고 저녁을 먹을 때면 익은 살구 떨어지는 소리가 툭툭 나곤 하여 항상 욕심이 많던 내가 '저건 내 꺼.'하고 맡아 놓으면 형은 그다음 살구 떨어지는 소리를 기다리곤 했다.

요즘에 들어서야 꽃의 가치를 인정받아 시의 소재가 되는 들꽃들도 있고, 이름 때문에 사람들의 입에 오르내리는 꽃들도 많다. 내가 어릴 때는 이름이 그리 중요하지도 않았고, 이름을 모르는 숱한 사람들과 아무 불편 없이 함께 살듯이 그렇게 꽃들과도 같이 살았다.

안도현 시인이 애정을 가지고 노래한 '애기똥풀'은 가지를 꺾으면 손에 노랑물이 진하게 들면서 냄새도 고약하여 싫어했던 꽃이다. 여뀌꽃이니, 며느리밥풀꽃이니 며느리밑씻개니 하는 꽃들도 어릴 때 어디서나 쉽게 볼 수 있었던 꽃들이 아니던가? 나중에서야 그 이름과 이름에 얽힌 이야기들을 알고는 얼마나 웃었는지 모른다.

안도현 시인은 '개망초꽃'에서 '눈치코치 없이 아무 데서나 피는 게 아니라/ 개망초꽃은/ 사람의 눈길이 닿아야 핀다'고 했지만, 시인의 생각은 틀렸다. 개망초꽃은 눈치코치 없이 아무 데서나 막 핀다. 어릴 때 그 개망초 때문에 밭매기가 얼마나 힘이 들었던가. 크면 뿌리가 질겨서 잘 뽑히지도 않는다. 며느리밑씻개도 참 재미있는 이름을 가진 꽃이지만 소먹이를 할 때는 나를 많이 괴롭히던 꽃이다. 여뀌도 마찬가지로 아무 도움이 되지 못하는 꽃이다. 소나 토끼가 잘 먹는 풀꽃이 아니었다.

농부의 아들이라는 현실적인 눈으로 이런 꽃들을 바라보면 정을 줄래야 줄 수가 없는 꽃들이었다. 아예 꽃이 피어서 그 씨앗이 여물기 전에 없애버려야 할 존재들이었다. 꽃이 피고 씨앗이 여물어 내년에 그만큼 더 많은 개망초나 며느리밑씻개가 난다고 하는 것을 생각하면 생각만으로도 끔찍할 정도였다.

세월이 많이 흘렀다. 이미 몇십 년이 된 옛날의 일들이 아니던가. 하지만 그때 피던 꽃이 지금도 피고 있다. 그때는, 그렇게 나를 괴롭혔던 꽃들이 이제는 아련한 그리움으로 다가선다. 따갑게 손을 찔러대는 며느리밑씻개가 왜 그렇게 예뻐 보이는지. 보잘것없이 피어 그야말로 토끼들이 좋아했던 '토끼풀'도 추억처럼 살갑게 다가선다.

나도 모르게 어릴 때 만났던 작은 들꽃들에 빠져들고 있는 나를 발견하면서 이게 나이를 먹는 것인가 하고 생각한다. 마당 가의 작은 화단에 골무꽃도 심고, 용머리꽃, 원추리, 나리꽃, 백일홍, 봉숭아, 비비추, 매발톱, 금낭화도 심었다. 제일 먼저 피는 꽃이 금낭화다. 이어서 매발톱이 몇 가지 색으로 피었다간 지고, 용머리꽃, 골무꽃이 피면, 이어서 나리꽃, 원추리, 비비추가 오랫동안 화려하게 화단을 장식한다. 백일홍, 봉숭아는 가장 흔하게 보아서 정감이 가는 꽃으로 가장 오래 피어 있다. 하나같이 마음에 쏙 들어와 앉는 꽃들이다.

한때 출퇴근을 하면서 온통 노랑 물감을 부어 놓은 듯한 노란 꽃들을 오랫동안 만났다. 진한 노란색인데 번식력이 대단한 듯 가까운 산에까지 씨앗이 날아가 여기저기가 다 노랑 일색이다.

저게 도대체 무슨 꽃일까 궁금하여 꽃을 좋아하는 선생님께 물었더니 '금계국'이라고 했다. 코스모스에다 국화를 접붙여서 개량한 꽃이라고 했다. 그러고 보니 국화를 닮기도 했고, 코스모스를 닮은 듯도 하다. '각시꽃'이라고도 한다는데, 아마 눈부시게 빛나는 색깔 때문일 것이다. 북아메리카 남부가 원산지로 관상용으로 들여와 전국 각처에서 관상초로 흔히 심는 귀화 식물이다.

그런데 그곳에는 심어도 너무 많이 심었다. 여기도 노랗고, 저기도 노랗다. 나는 그때 그곳을 지날 때면 눈을 감고 싶었다. 아름다운 꽃을 만나면 심고 가꾼 노력과 정성이 보여야 할 텐데, 행정관청의 짜증 섞인 행정편의주의만 보이는 것 같아서 싫었다.

아마 상부 관청으로부터 꽃길을 가꾸라는 공문을 받았을 것이고, 어떻게 하면 오래가는 꽃으로 뒤덮어서 오랫동안 지적을 받지 않을까 하는 것만 고민했던 것이 아닐까 하는 생각이 들 정도로 그곳은 '금계국'으로 뒤덮여 있었다.

또 오래가는 꽃으로 주황색이 약간 섞인 짙은 노란색을 띠고 있는 '루드베키아'가 있다.(피기 시작하면 두세 달은 넉넉히 피어 있는 것 같다) 지역마다 꽃길을 조성을 하라는 지시가 있었던 모양이고 질기게 오래가는 꽃, '루드베키아'를 선택한 지역이 많아서 지금도 가는 곳마다 많이 만나는 꽃이다. 그래서 사람들은 '금계국'이나 '루드베키아'를 실제 이름보다 '면서기꽃'으로 더 많이 기억한다. 한번 심어 놓으면 몇 년이고 계속해서 줄기차게 피는 꽃을 찾느라고 꽤 고심했을 면서기들의 안이함을 참으로 적절하게 비판하고 있다는 생각이 든다.

아마 그곳은 면에다 맡기지도 않고 아예 '금계국' 씨를 사서 마을마다 내려보낸 것은 아닐까? 그렇다면 아마 '군수꽃' 정도가 되어야 할 것 같다. 한때 그곳을 지나오는 길에 끊임없이 이어지는 금계국 꽃길을 보면서 꽃에다 온통 노랑 군복을 입혀 놓은 것 같아 마음이 답답했다. 올해가 지나면 제발 금계국을 더러더러 캐내고 그 자리에 순수한 우리 들꽃들이 각자 다른 아름다움을 드러내며 예쁘게 피었으면 좋겠다.

눈의 각도

그냥 외로웠다. 계절에 상관없이 가슴에는 늘 찬 바람이 불었다. 그 많던 사람들이 눈에 들어오지 않았고, 황량한 들판에 나만 우뚝 서서 휘청이고 있다는 생각이 나를 휘감고 있었다. 심심산천보다 더 적막한 시절이었다.

자취방 연탄불은 늘 쉽게 꺼지고, 방은 윗목 아랫목 할 것 없이 싸늘했다. 마룻장을 들추어내고 피워야 하는 연탄 아궁이에 엎드려 푸푸 바람을 불어 넣다 보면 나도 모르게 눈물을 철철 흘리고 있었다.

일기장에는 늘 싸늘한 낱말들만 줄줄이 앉아서 알 수 없는 말들을 뇌까리고 있었고, 책도 이해하기 어려운 것들만 골라 읽었다. 외로움의 공간을 채우기 위한 몸부림이었을 뿐, 내용에는 별로 관심이 없었던, 나도 나를 이해할 수가 없던 시절이었다.

뜨거운 뙤약볕 아래에서 농사를 지으시는 아버지와 수천 미터 갱도에 들어가서 광맥을 파며 흘린 형님의 땀을 베고 누워 있다는 생각마저 내 외로움의 틈바구니를 뚫고 들어올 수 있는 여지는 없었다.

밤늦게까지 책을 읽다 보면 늦잠을 자기 일쑤였다. 아침도 못 먹은, 휘청이는 걸음으로 헐레벌떡 뛰어 들어간 교실에서는 꼬박꼬박 졸다가 복도로 쫓겨나는 일이 잦았다. 점심시간에 매점에서 빵 하나로 점심을 때우고 하릴없이 운동장 나무 의자에 앉아 있노라면 소리를 버럭버럭 지르면서 농구를 하는 아이들의 모습이 꿈속처럼 흐느적거렸다.

수업시간에는 내가 좋아하는 과목들만 눈에 들어왔다. 국어, 윤리, 영어, 국사, 사회……. 다 인문 과목이었지만 성적이 낮다는 이유로 나는 문과에서 쫓겨나 이과를 공부했고, 싫어하는 과목들은 더욱더 어려워졌다.

사회 선생님은 말없이 조용한 나를 자기의 참고서를 내기 위한 필경사로 활용했다. 아무 생각 없이 예쁜 글씨로 베끼는 단순 작업이 마음에 들었다. 선생님이 쓰신 것을 베껴서 갖다 드리는 일을 반복했다. 가끔은 용돈도 조금 생겼다.

어떤 아이는 그 바쁜 시기에 빈둥거리며 여유만만한 나를 신기하게 바라보면서 나의 알 수 없는 속내를 궁금해했다. 그냥 전해주어도 될 것을 일부러 편지-그것도 한 문장씩 번호를 매겨서 보물찾기하듯이 읽게 쓴 편지를 우편으로 부쳐 왔다. 이런저런 이야기가 씌어 있었지만, 그냥 내가 궁금해서 미치겠다는 표정이 선명하게 담겨 있었다. 외로움의 표정이 다른 사람들에게는 다양한 모습으로 비추어지는지도 모른다는 생각을 했다.

지금도 이해할 수 없는 그 시절, 나는 군인이 되는 엉뚱한 꿈을 가지고 있었다. 걸을 때도 육군사관학교 생도들처럼 걸었고, 옷도 그렇게 흉내 내어 입었다. 아이들은 당연히 내가 직업군인이 될 거라고 여겼다. 아마 공부를 조금만 더 잘했더라면 나는 군인이 되어 지금과는 아주 다른 삶을 살았을지도 모르겠다.

오로지 한 가지 나를 가슴 두근거리게 했던 일은 교리공부를 하는 것이었다. 명동성당 뒤편에 있었던 성바오로수녀원에서 퇴임한 신부님께 교리를 배우는 날은 그렇게 행복할 수가 없었다. 예쁜 계성여고 여학생들이 바람처럼 쏟아져 나오는데, 그 사이를 용감하게 뚫고 들어갈 수 있었던 것은 그만큼 교리가 주는 즐거움이 크기 때문이었다. 그 즐거움도 짧은 3개월로 끝나고 '요나'라는 세례명으로 얼굴도 없는 신자들 가운데 던져지고 난 순간부터 다시 황량한 시절로 회귀하고 말았다.

형님의 사업 실패로 대학 진학의 꿈을 내려놓을 수밖에 없는 상황이 되어 보따리를 싸서 낙향하던 날부터 나의 고교 시절은 내 인생의 어두운 암흑기로 머릿속에 자리 잡았다.

오랫동안 나는 그 시절의 어두운 기억에서 벗어나지 못했다. 관계를 맺으며 살아가는 단 한 명의 친구도 없었던 그 시절이 마치 나의 인생을 어그러뜨리는 주범이기라도 한 듯 못마땅했다. 그 시절만 잘 보냈더라면 내 인생이 환한 성공 가도를 달렸을 것만 같다.

어느 날 수십 년 전 앨범 속의 주소를 들고 찾아온 두 친구가 계기가 되어 다시 그 시절로 조심스럽게 걸어 들어가 보았다. 내가 좋아하는 나의 삶의 부분들-문학 활동, 국어 교사, 농사, 신앙생활 등-이 다 그때 거기서 출발하고 있다는 것을 알게 되었다. 눈의 각도를 달리하는 순간 암흑기가 가장 아름다운 시절로 변하여 나의 시야 속으로 흘러들어오고 있었다.

　내용을 알지도 못하면서 읽어댔던 책들의 향기가 나의 문학 활동에 슬그머니 스며들어 있었고 국어 교사로서 행복하게 아이들을 가르치는 힘이 되어있었다. 지독한 외로움 안에서 한껏 웅크리고 발버둥 친 시절이 신앙을 눈뜨게 했고, 대도시가 주는 삭막함이 농사를 지으면서도 행복한 명상 속에 잠기게 한 것은 아닐까 하는 생각을 하는 순간, 어둠이 빛으로 바뀌고 있다는 것을 느낄 수 있었다. 삶은 눈의 각도에 따라 색깔을 달리하는 것이 분명하다.

새로워지기

꼭 주례를 해 주면 좋겠다고 했다. 그때 나는 서른 다섯 살 파릇 파릇한 청년으로 주례를 하기에는 너무 이른 나이였다. 집요한 요 청에 결국 마음을 돌렸고, 이왕 할 거라면 색다르게 하고 싶다는 생각을 했다. 내가 하자고 하는 대로 할 수 있느냐고 물었다. 그렇 게 하겠다고 했다.

주례가 입장을 하고, 신랑 신부 어머니들의 점촉 후, 신랑, 신부 입장이 이어지면, 서약, 성혼선언, 주례사, 양가 부모님께 인사, 퇴 장의 식순대로 공식처럼 결혼식이 끝나던 시대였다. 주례사의 길 이에 따라 10분, 15분 결혼식이 되는 것이 늘 너무 가볍게 다가오 던 느낌을 떠올리며 먼저 사회자부터 없앴다. 아니, 사회와 주례를 통합했다고 하는 표현이 더 맞을지도 모르겠다. 서약의 내용도 보 강하여 본인들이 직접 읽게 했다. 읽고 난 다음 그 자리에서 서명 함으로써 실질적인 다짐의 느낌을 가지도록 하는 게 목적이었다. 서약을 하고 난 다음 성혼선언을 하면 피아노가 웅장한 축하 팡파레를 울리고 이어서 배경음악이 깔리면서 내가 축시를 낭독했다. 축하 노래가 끝나면, 주례사를 했다.

서약을 본인들이 읽게 하고, 성혼선언 후의 팡파레, 축시를 추가했을 뿐이었지만 사람들은 많이 다르게 받아들였다. 사회자를 없앤 것도 주례의 권위를 낮춤으로써 신랑, 신부가 혼례의 중심에 서는 효과를 가지고 왔다.

사람들은 조그마한 다름에서도 큰 변화를 느낀다. 그게 계기가 되어 자주 하게 된 주례 때마다 조금씩의 변화를 프로그램에 얹었다. 하객들이 함께 참여하는 자리로 만들어 자기들끼리 시끌벅적 나누던 입담을 신랑 신부에게로 향하게 한 것이 가장 기억에 남는다. 거기에 신랑 신부 지인들의 축가나 축하 연주라도 있는 날이면 신랑, 신부, 하객이 하나가 되는, 문화 축제 같은 분위기로 살아났다.

제자, 후배 교사, 친척 자녀들의 주례를 한 것이 제법 많다. 작은 변화가 주는 새로운 결혼식 분위기가 사람들의 마음을 끌었던 모양이다.

상주박물관에서는 전통혼례를 원하는 사람들에게 장소와 의상 등의 편의를 제공한다. 아들 친구가 전통혼례 주례를 부탁했다. 한 번도 해본 적이 없는 터라 사양을 했지만 꼭 해달라는 여러 번의 간곡한 부탁을 물리칠 수 없었다.

마침 광주에서 외사촌 동생의 전통혼례가 있다는 소리를 듣고 달려갔다. 재미있었다. 전통혼례가 주는 흥겨움이 잔치 마당에 가득했다. 전통혼례의 순서를 따르되 알아듣기 쉬운 말들의 방향을 따라 하객들의 마음도 함께 출렁거렸다. 혼례식에 흥겨움과 의미가 고스란히 살아 있다는 것을 느끼는 하객들은 끝까지 초례청을 지켰다. 어쩌면 그것보다 함께 하는 즐거움이 더 컸을 수도 있다.

그때만 해도 상주의 전통혼례는 한문으로 된 홀기를 그대로 읽으면서 진행하고 있어서 하객들의 관심을 끌지 못했다. 하객들은 무슨 말인지 알아듣지도 못하는 혼례식에는 관심이 없었다. 될 수 있으면 초례청에서 멀리 떨어진 곳에 자리를 잡고 식사나 즐기려는 듯 혼주의 눈치를 살폈다.

신명 나는 광주의 프로그램을 가지고 와서 상주의 홀기와 버무렸다. 전통의 맛도 살리면서 알아듣기 쉽게 하되 조상들의 익살이 묻어나는 순서를 삽입했다.

입장하다가 들어오기를 망설이는 신부에게 큰 소리로 '사랑한다!'는 표현을 하게 함으로써 신랑뿐만 아니라 하객들의 눈길을 사로잡았다. 하객들과 함께 마시는 복술 마시기, 닭 날리기, 곡식 던지며 축하하기 등의 익살이 혼례 마당에 신명 나는 변화로 흘러들었다.

자그마한 변화가 무거운 전통혼례의 분위기를 신명 나게 바꾸었다. 그 후 전통혼례 주례를 해 달라는 부탁이 심심치 않게 들어왔다. 박물관에서 바로 의뢰가 들어오기도 하고, 본인들이 소문을 듣고 부탁을 하기도 했다. 통역을 세운 국제결혼으로 전통혼례를 선택하는 경우도 있었고, 베트남 텔레비전에서 우리나라 전통혼례식을 취재한다고 하여 가짜 결혼식을 연출하기도 했다.

내가 시도했던 결혼식의 모습이 텔레비전 드라마에 스며들어

방영되는 것을 보면서, 세상이 많이 바뀌겠구나 하는 기대감으로 가슴이 설레었다. 세상이 바뀌는 속도에 따라 결혼식의 풍속도도 많이 달라졌다. 바람직한 변화의 바람이다.

요즘은 주례 없이 하는 결혼식이 많다. 신랑 신부가 중심에 서 겠다는 당당한 선포 같아서 좋다. 게다가 천편일률적으로 똑같던 결혼식의 모습이 개성 있는 결혼식으로 변모하고 있다. 처음부터 노래로 시작하여 신랑 신부가 같이 춤을 추기도 하고, 온 식구들이 나와서 놀이마당처럼 즐기는 결혼식도 있다. 둘 다 아버지 어머니가 없는 경우는 그들을 추모하는 자리로 만들어서 결혼식장을 울음바다로 만들기도 한다.

그래서 요즘은 남의 결혼식도 구경하고 싶다. 서툴지만 진솔한 어떤 아마추어 연출가의 살아 있는 예술 한 마당을 보는 것처럼 신선한 모습으로 다가오기 때문이다. 결혼식의 변화만큼 세상도 신선한 변화를 통하여 현재를 즐기면서 미래를 가꾸어 가는 희망으로 넘쳐났으면 좋겠다.

눈물의 의미

2,000년 전의 로마 공화정에서 개선식은 전쟁에서 승리한 장군에게 주어지는 최고의 영예였다. 백마 네 마리가 끄는 전차를 타고 개선 퍼레이드를 벌이는 것이었다. 영웅이 탄 마차가 연도를 메운 로마시민의 환호 속을 헤치고 행진하는 장면은 장쾌하기 이를 데 없었다.

하지만 화려한 금빛 마차에는 열광 속에 가린 '숨은 그림' 하나가 있었다. 개선장군이 손을 들어 시민들에게 화답하는 동안, 장군 뒤에 함께 탄 사람이 큰소리로 계속 외쳐대는 것이다.

대중의 환호 소리가 커지면 커진 만큼 그의 목청도 따라서 커졌다.

"메멘토 모리(memento mori)! 메멘토 모리(memento mori)!"

"오늘은 개선장군이지만 너도 언젠가는 죽는다. 겸손하게 행동하라."

승리에 취한 장군을 향해 준엄한 하늘의 소리를 들려주는 것이다. 승전한 영웅 그대여, 영광의 이 순간에도 유한한 인간의 본분을 잊지 말지니! 교만한 인간의 관성에 경각심을 일깨우는 장치 하나를 둔 것이다.

로마 최고의 환대 물결 속을 가르면서 행진하는 시간에도, 모두가 열광하는 순간에도, 그림자처럼 죽음이 뒤따르는 인간이라는 것을 자각하게 하는 것이다.

그 열광의 순간에도 이런 철학적 가치를 담아 겸손을 깨우쳐 주고자 하는 모습 속에서 로마의 위대성을 읽어낼 수 있는 장면이다.

죽음은 인생의 졸업이다. 죽음 앞에서 겸손해지지 않을 사람은 없다. 누구나 겪어야 할 과정이면서 누구에게나 공평한 죽음이야말로 삶의 과정 가운데 가장 평등하다.

죽음은 그 뒤를 볼 수 없는, 마지막이라고 생각하는 데서 오는 두려움이 크다. 삶의 과정에서 몇 번의 졸업을 경험하지만, 모두 다음 과정이 기다리고 있다. 더 큰 배움의 마당이 기다리고 있거나, 더 큰 생활 현장이 기다리고 있다. 죽음은 마무리라고 하는 점에서 삶의 졸업이지만 다음 마당을 볼 수 없을 뿐만 아니라, 본 사람도 없다. 아무도 보지 못한 세상은 두려울 수밖에 없는 세상이다.

의성휴게소를 들렀다가 다시 차를 타는 순간부터 온몸과 마음이 아래로 가라앉았다. 추스르기에 이미 도가 넘어버렸다는 느낌이 강하게 다가왔다. 끊임없이 눈물이 흘렀다. 닦아도 닦아도 끊이지 않고 흘러내렸다.

지난 시절의 일들이 머릿속에서 강물처럼 출렁거렸다. 그 물결 안에는 아이들과 동료들이 있었고, 일과 그 일을 한 공간이 함께 있었다. 다 행복을 알뜰히 공유한 아름다운 동지들이었다. 그들을 떠나야 한다는 현실 앞에 서서 도무지 떠난다는 사실을 인정할 수 없었던 모양이다.

퇴임 축하 현수막이 걸리고, 노래, 박수, 말씀들이 순서에 따라 이어졌지만 모든 게 뒤죽박죽이 되어 눈에도 귀에도 들어오지 않았다. 하염없이 눈물만 흘렀다. 조용히 바다로 나가 철썩이는 파도 앞에 앉았지만, 바다도 나를 위로하지 못했다. 눈물을 안고 잠자리에 들 수밖에 없었다.

퇴임 후에 이어질 불안한 마당에 대한 걱정보다는 내가 펼쳐보고 싶었던 세상을 다 펼치면서 살아온 몇 년 동안의 시간이 주는 행복감이 훨씬 컸던 자리였다. 눈물은 슬플 때보다 행복을 위하여 더 많이 준비되어 있다는 것을 실감하게 하는 자리였다.

평생 내 삶의 중심이 되었던 일을 가장 아름답게 마무리하고 돌아온다는 점에서 로마의 개선장군을 꼭 빼닮아 있었다. 오히려 그의 일회성보다는 훨씬 값진 발걸음이었을지도 모른다. 보무도 당당하게 전차에 올라 환호하는 군중에게 양팔을 흔들며 행복을 과시해도 좋을 만큼 내 마음은 충만해 있었다.

아무리 행복한 눈물이었다고 우겨도 그 긴 시간 동안 그치지 않고 흘러내린 이유를 오랫동안 알지 못했다.

'왜 그랬을까?'

로마의 개선장군, 그 뒤에 숨어 있는 '숨은 그림자'를 만나면서 이제야 알 것 같다. 행복한 삶의 뒤에는 늘 '숨은 그림자'가 따라

다닌다는 사실을.

죽음은 삶의 졸업이다. 행복했던 아이들을 이제는 만날 수 없고, 정든 동료들을 떠날 수밖에 없으며, 신명 나게 하던 일과 그 공간들에서 멀어질 수밖에 없다는 사실은 마치 죽음을 앞둔 마음처럼 암담했던 모양이다. 온전히 행복한 내 뒤에서 '메멘토모리!'를 외치는 강력한 그 누군가가 있었다는 사실을 오롯이 인정할 수밖에 없을 것 같았다.

물방울 하나처럼

'야호!'

등산의 목표는 대부분 여기까지다. 우뚝 올라선 정상에서 느끼는 기쁨을 위하여 땀을 흘린다. 땀에 섞인 짠 내음이 힘듦의 농도를 더욱더 부풀린다. 올라오는 길에 겪었던 갖가지 어려움을 무용담처럼 풀어헤친다. 그동안의 힘든 여정에 대한 기억은 정상에 서는 순간 바람에 다 씻겨가고 오로지 희열만이 남는다. 등산을 즐기는 사람일수록, 전문가일수록 이 과정은 더 심화되는 것처럼 보인다.

내려가는 과정은 오름의 들러리 정도로 취급되기 일쑤다. 내가 사는 일상의 숲으로 돌아가기 위한, 달갑지 않은 일정일 뿐이다.

디디고 올라선다고 하는 데 대한 찬양들이 난무하는 시대 속에서 살다 보면 그게 정상인 것처럼 보인다. 정상에 섰을 때의 그 희열을 만끽하기 위한 목적이 강조될수록 경직된 정복욕이 바위처럼 무겁게 다가올 때가 많다.

내려가기 위하여 오르는 사람들도 있다. 오르고 내려가는 것에 대한 의식 자체가 없는 사람들도 있다. 이런 사람들 사이에서 풍기는 여유와 넉넉한 풍요로움은 철학적이다.

물을 생각한다. 산꼭대기에서 아래로 아래로 내려감으로써 비로소 바다를 만나는, 바다가 되는 이치는, 내려간다고 하는 의미가 어떤 무게감을 지니게 되는가를 상징적으로 말해준다. 작은 물방울 하나가 모이고 모여 내를 이루고 강으로 흘러 바다가 됨으로써 어마어마한 물의 세상을 이루게 되는 일은 내려감으로써 커질 수 있다는 경건한 교훈을 세상에 던진다.

"이번에는 누가 하면 좋을까요?"

2년마다 바뀌는 회장이 선출되는 날이면 서로 눈치를 살핀다. 회원들을 챙기고 행사를 주관하고, 회의를 이끌어가는 일이 작은 일이 아니기 때문이다. 모임이 어떻게 굴러가게 될까 가늠할 수 있을 만큼 중요하다.

사람마다 자기에게 다가오는 느낌과 분위기가 다르기는 하지만 일반적인 생각은 크게 다르지 않다. 자기 스스로는 잘 서되 이끌어 가는 일이 서툰 사람이 있다. 이끄는 힘은 왕성하지만 자기 관리가 흐트러진 사람이 있다. 부드럽게 다가오는 사람이 있는가 하면 날카롭게 느껴지는 사람이 있다.

모든 것을 고려하여 가장 적절한 사람을 찾는다는 것은 쉬운 일이 아니다. 침묵이 길어진다. 분위기를 감싸고 있는 공기가 뜨거워지기도 하고, 때로는 싸늘해지기도 한다. 공간을 떠다니는 분진 하나마저 셀 수 있을 듯 사고의 시선이 맑아진다.

드디어 어떤 사람의 입에서 어떤 이름이 거명되는가가 중요하다. 이름이 불리는 순간 그 이름을 뒤집기는 만만치가 않기 때문이다. 어떨 때는 연장자가 그 몫을 맡기도 하고, 전 회장이 담당하기도 한다. 박수 소리의 무게 안에 회원들의 마음이 드러난다.

회장보다 실무자의 선임이 분위기를 무더위처럼 답답하고 무겁게 할 때가 사실은 더 많다. 직접 자신의 손발이 나서야 하는 일은 시간이 필요하고, 일정 부분 능력도 필요로 하고, 품성이 필요할 때도 있기 때문이다.

"수고하셨습니다. 앞으로 더 수고하시겠습니다."

우레와 같은 박수 소리 안에 진심 어린 마음이 담겨 있다. 나는 이 모임에서 이 순간에 느끼는 황홀감을 잊을 수가 없다. 누구든 회장 다음에는 총무로 이어지는 이 모임의 불문율에 아무도 이의를 달지 않는 모습이 너무 아름답기 때문이다. 내려서는 일을 기꺼이 받아들이고 그것을 축하하는 마음이 어찌 아름답지 않을 수 있겠는가.

'누구든지 자기를 높이는 사람은 낮아지고 자기를 낮추는 사람은 높아질 것이다.'

성서 말씀 한 구절이다. 내려감으로써 오히려 올라갈 수 있다고 하는 역설이 말씀 가운데 고스란히 녹아 있다.

미리 보는 마음

앞뒷집에 사는 두 사람이 바로 옆에 붙은 논을 부치고 있었다. 위의 논에는 매년 나락이 잘 되는데, 아래 논은 늘 소출이 떨어졌다. 아래 논을 부치는 사람이 너무 이상하여 위의 논을 부치는 사람과 같은 볍씨에다 똑같은 거름을 했지만 역시 마찬가지였다.

아랫논 임자가 윗논 임자에게 물었다.

"자네 논은 어떻게 매년 그렇게 풍년이 드는가?"

별로 하는 일이 없다고 했다. 다만 아침에 논에 나가서 한 바퀴 돌아보고 들어오고 저녁에 가서 다시 한번 돌아보는 것이 다라고 했다.

그 해는 아랫논 임자도 윗논 임자처럼 아침저녁으로 논을 돌았다. 하지만 결과는 마찬가지였다.

나도 논농사를 10년쯤 지었다. 첫해에는 열여섯 가마니가 나왔다. 나는 그게 일반적인 소출이라고 생각했다. 그런데 이듬해에는 열여덟 가마니가 나왔다. 다음 해에는 스무 가마니가 나왔다. 갈수록 늘어나는 소출에 신이 났다. 그다음 해에는 스물네 가마니가 나왔다.

다만 논둑을 두어 번 깎아 주었을 뿐인데 소출이 늘어났고 '참 예쁘다.' 칭찬만 해 주어도 소출이 늘어났다.

나는 논밭을 가장 아름다운 명상의 자리라고 생각한다. 거기에 무엇을 심든 이미 주렁주렁 달린 열매들이 보이고, 거기에 함께 달린 빛나는 기쁨을 만날 수 있기 때문이다.

논에 벼를 심을 때마다 그 작은 모가 금방 자리를 잡아 서고, 어린 연둣빛이 곧 강한 초록으로 바뀌는 게 그대로 보인다. 초록은 다시 노랗게 익어 갈 것이고, 다 익으면 연한 갈색으로 고개를 숙일 것이다. 아내는 거기서 생산된 쌀을 이 집 저 집 나누기에 분주하고, 떡을 해서 함박꽃처럼 웃으면서 이웃들에게 돌리는 모습이 그대로 보이는 즐거움이 있다.

작년에는 강낭콩을 많이 심었다. 빨간색, 흰색, 까만색, 얼룩무늬까지 골고루 심었는데, 엄청 많이 달렸다. 강낭콩은 손이 많이 간다. 심을 때부터 포트에 모종을 키워서 심는 것이 안전하다. 한 알씩 넣어서 싹을 틔운 다음 어느 정도 자랐을 때 밭으로 옮겨 심는다. 두어 달 자라면 콩이 달려서 익는다. 뽑아서 꼬투리를 따는 데도 꽤 시간이 걸린다. 꼬투리를 까서 콩을 모으는 일까지 꽤 많은 과정을 거치지만 어느 과정 하나 즐거움을 주지 않는 것이 없다. 그 즐거움은 심을 때부터 마음을 파고드는 탱글탱글 다 익은 강낭콩을 미리 만나면서부터 시작된다.

참깨도 큰 즐거움을 준다. 다섯 알 정도씩 심어서 싹이 나는 대로 두 개만 남기고 잘라낸다. 거름도 많이 먹는 편이 아니어서 손이 크게 가지 않는다. 키가 큰 경우 지주대를 세워서 넘어지지 않게 하고, 맨 밑에 꼬투리가 익으면 벤다. 베어서 관리하는 게 다른 작물에 비해서 까다롭다. 비라도 맞으면 바로 싹이 나기 때문에 비닐하우스에서 말리거나 비닐을 덮어서 미리 예방하는 것이 안전하다. 참깨를 털 때는 정말 '깨가 쏟아지는' 소리가 들린다. 심을 때부터 이미 이 소리를 듣는 즐거움이 크다.

농사는 마음으로 지을 때 행복하다. 욕심이 따르면 돈도 되지 않을 때가 많고, 즐거움도 없다. 윗논 임자는 이미 잘 익어서 고개를 숙인 나락을 생각하면서 얼마나 즐거운 마음으로 논둑을 밟았을까? 논둑을 두어 번 깎아 주는 것만으로 그 땀에 보답하는 나락의 속마음을 들여다보면서 그들의 흐뭇한 언어를 이해할 수 있을 것 같기도 하다.

내일을 즐겁게 상상하는 것만으로 내일이 행복하게 다가온다는 것은 아름다운 축복이다.

밥

웬일일까? 문 바깥에서부터 차가운 기운이 느껴진다. 내가 다가가면 미리 발자국 소리만 듣고도 반기는 것인지 경계하는 것인지 모를 묘한 소리를 내면서 기척을 내던 녀석들이다. 이렇게 조용한 것은 무슨 일이 벌어진 상황이 아니고는 설명할 수가 없다. 섬뜩한 기운이 찌르르 척추를 타고 내려간다.

다른 짐승들과는 달리 원래 주인을 살갑게 대하지는 않는다. 늘 보는 둥 마는 둥 멀뚱하다. 누가 옆에 있으나 마나 자기들끼리 논다.

신기한 것은 그 안에 규칙이 있다. 서열이 뚜렷하다. 수탉들은 싸움으로 서열이 정해진다. 힘에서 밀리면 무조건 복종한다. 암탉들에게도 서열이 있는데, 물어뜯으며 싸우는 것을 본 적이 없는 걸 보면 눈치로 아는 게 아닌가 싶다.

제일 곤란한 일은 암탉의 숫자에 비해 수탉의 비율이 높을 때다. 서로 싸우는 일이 잦을 뿐만 아니라 암탉들을 그냥 두지 않기 때문이다. 자주 닭장의 평화가 깨어지는 일이 일어나 피를 뚝뚝 흘리는 닭의 모습을 보는 일은 마음을 불편하게 한다. 수탉의 수를 줄이는 게 가장 좋은 방법인데, 잡기도 쉽지 않을 뿐만 아니라, 잡아 주는 곳도 거의 없다.

어릴 때는 아버지가 닭 잡는 일을 어렵지 않게 보았다. 닭의 모가지를 비틀어서 나에게 밟고 서 있으라고 하셨던 적도 있었다. 그때는 놀이처럼 재미있게 했던 기억이 난다. 게다가 얼마나 맛있는 밥(?)이었던가. 하지만 이제 닭을 잡는 일은 가장 힘들고 괴로운 일이 되었다. 살아 있는 짐승이 또 다른 생명의 밥이 된다는 것은 생각만으로도 끔찍한 상상력이 유감없이 일어나게 하기 때문이다.

"자, 나를 잡아먹어라. 그래서 네 아기들 배를 채워라."

암탉이 족제비에게 자기를 던지며 하는 말이다. 먹이가 없는 겨울, 굶주린 족제비에게 기꺼이 자기 몸을 던져 먹이가 되어주는 '잎싹'의 마지막 순간은 이렇게 마무리가 되고 있다. 소설, '마당을 나온 암탉'의 마지막 부분이 주는 감동이다. 다른 짐승이지만 굶주리고 있는 새끼들을 위하여 자기를 밥으로 던져주는 주인공 암탉의 모성은 눈물겹게 다가온다.

살며시 문을 열었다. 대낮인데도 닭들이 횃대 위에서 꼼짝도 하지 않고 있다. 보기 드문 일이다. 대낮이면 보통 운동장에서 모이를 쪼거나 물을 먹거나 모래 목욕을 하고 있어야 정상이다. 수탉은 암탉을 쫓아가고 암탉은 싫다면서 소리를 지르거나 몸을 비틀다가 결국은 붙잡혀서 한바탕 짧은 정사를 치르고는 몸을 부르르 떨면서 일어서야 한다. 흙 가운데서 모래를 찾아 먹다가 하릴없이 옆에 서성이는 만만한 닭을 쪼는 모습, 그것이 그들의 일상이다.

"왜? 무슨 일이 있어? 또 싸운 거야?"

"꾸꾸꾸꾸"

무슨 소린지 모르겠다. 오히려 놀라서 동그랗게 뜨고 있는 그 눈들이 더 많은 걸 말해주고 있었다. 운동장으로 들어가는 문은 휑하니 열려 있었고, 그 입구에 목이 잘린 암탉 한 마리가 처참하게 쓰러져 있었다. 군데군데 핏자국이 선명했다. 구석에 또 한 마리가 죽어 있었다. 족제비에게 혼비백산 쫓겨 다녔을 닭들의 소란이 눈에 선하게 들어왔다. 가슴이 먹먹해졌다.

'얼마나 무서웠을까?'

목을 잃고 피를 흘리면서 쓰러져 있는 닭, 그 옆에 자그마한 구멍 하나가 보였다. 날씬한 족제비가 아니면 감히 엄두도 내지 못할 구멍이다. 닭의 숫자를 세어 보니 세 마리가 없다. 작은 닭 한 마리는 어떻게든 구멍으로 끌고 간 모양이다. 어쩌면 족제비의 어린 새끼들을 위한 생명의 밥이 되었을 수도 있겠다는 생각이 들었다. 늦겨울을 갓 벗어난 초봄이었으니 먹을 것이 넉넉하지 못한 계절이다.

두 마리의 닭을 어떻게 처리할까 망설였다. 옛날 같으면 땅을 파고 묻었을 것이다. 마음이 더 감상적으로 흐르는 날은 거기에 비목이라도 하나 꽂았을지 모르겠다.

둔덕 잘 보이는 곳에 두 마리를 얹어 놓았다. 살쾡이나 고양이, 어쩌면 배고픈 까마귀 눈에라도 띄면 그들의 좋은 먹잇감이 될 수 있으리라. 하루를 지나고 나니 한 마리만 남아 있었다. 한 마리는 누구의 맛있는 밥이 된 모양이다.

네팔이나 인도의 고산지대에 가면 지금도 조장(鳥葬)을 볼 수 있다고 한다. 시신을 산속 장송대(葬送坮)에 눕혀 새들에게 시신을 쪼아먹게 하는 장례를 치르는 것이다.

밥이 없어서 죽어가는 생명들이 눈에 띈다. 그런 이야기에 가슴이 아프다. 누군가의 밥이 된다는 것이 비참하거나 슬픈 일만은 아니라고 생각하게 되는 것은 나이 탓일까.

자본주의의 시원

살다 보면 따뜻해도 추울 때가 있고 추워도 따뜻할 때가 있다. 마음이 시릴 때, 아무리 몸에 불을 때도 데워지기가 쉽지 않다. 몸이 따뜻하면 마음도 따뜻할 거라고 여기며 살아온 세월이 꽤 오래되었다.

양말에도 발을 따뜻하게 데우고 싶어 하는 간절한 문화가 고스란히 숨어 있다. 내 어릴 적 엄마는 버선을 만들고 꿰매는 일이 어두컴컴한 호롱불 밑에서 일상적으로 해야 하는 일 중의 하나였다. 미리 준비해 놓지 않으면 언제 있을지 모르는 할머니, 아버지의 외출에서 문제가 될 수 있었기 때문이다.

양말이 나오고 난 후 엄마 일은 반쯤 줄어들었다. 엄마의 일이 줄어들었다는 것은 양말과 더불어 간편하게 입을 수 있는 옷들이 나와 빨래도 쉬워지고 다릴 필요도 없고, 시칠 필요도 없는 새로운 시대가 열렸다는 것을 의미한다.

양말이라는 것을 모르고 살았던 시기가 있었다. 어른들은 옷을 갖추어 입을 때 신는 것으로 버선이 있었지만, 아이들까지 신길 수 있을 만큼 흔하지도 않았고, 살림이 넉넉하지도 않았다. 나는 초등학교 저학년 시절 맨발로 살았다. 고무신을 신는 것만으로 감지덕지했다.

버선이 사라지고 양말이 나오게 되면서 나의 농촌에서는 자본주의가 시작되었다. 좀 더 질긴 양말, 좀 더 따뜻한 양말, 좀 더 예쁜 양말이 부의 상징으로 자리 잡았고, 따라서 옷의 질, 가방의 질로 확대되었다. 몸이 따뜻하면 마음도 따뜻할 것이라고 여기며 살았던 생각이 착각이라는 것을 깨닫는 데 그리 오래 걸리지 않았다.

맨발로 고무신을 신고 살았던 시절은 발이 시려도 마음마저 시리지는 않았다는 것을 기억할 여유도 없이 '삶의 농사'가 '돈 되는 농사'로 걸어 들어가고 있었다. 논밭을 한 뙈기라도 더 부쳐서 돈을 마련하는 것이 삶의 목적이 되어갔다. 농사꾼보다는 양말을 파는 장사꾼이 한 발 더 앞서 걸어갔고, 양말을 만드는 공장은 춤을 추며 걸었다.

엄마는 버선 본을 뜨고, 구멍 난 버선을 꿰매는 대신, 구멍 난 양말을 꿰매셨고, 양말 한 켤레라도 더 사기 위하여 열심히 밭을 일구셨다. 고무신을 신는 아이와 운동화를 신는 아이가 달라 보이고, 책가방을 들고 다니는 아이와 책보를 매고 다니는 아이가 차이가 나는 세상으로 빠르게 달려가고 있었다. 중학생이 되기도 전에 '가운데 중'자 단추가 달린 까만 학생복을 입은 아이들이 대부분이었지만, 간혹 폭신한 향기가 밴 털옷을 입은 아이는 아이들의 부러움의 대상이 되었다. 부모들은 그 간격을 메우기 위하여 온몸을 던졌다. 갈수록 좁혀지기는커녕 더 넓어지는 거리를 따라가기 위하여 초등학교만 나온 아이들이 고향을 떠나 공장으로 갔다.

수많은 피와 땀을 대가로 양말이 아파트로, 자가용으로 변해가는 동안 자본주의는 더욱더 확대되고 공고해졌다. 이제 아이들도 구멍 난 양말은 신지 않는다.

"네가 사는 아파트는 몇 평이야?"

"너희 아버지는 무슨 차 타시니?"

이제 아파트나 자동차 정도는 되어야 아이들의 관심거리가 되었다. 아직 자동차도, 아파트도 없는 사람이 많다는 것을 아이들은 모른다. 그저 비교하면서 산다.

양말은 꿰매어서라도 신을 수 있지만, 아파트에 구멍이 나면 그냥 무너지고 만다는 사실을 아이들은 알까. 그것도 이웃까지 한꺼번에 무너진다는 것을 아는지 모르겠다. 맨발에 고무신을 신을 때가 추워도 따뜻한 시기였다는 것을 새삼 깨닫는 시절을 살고 있다.

자연의 몸짓

　천봉산 자락은 가진 게 많다. 다양한 나무들이 크고 작은 모습으로 적당한 거리를 유지하면서 서 있다. 오르기 좋은 길들을 여러 갈래 내놓고 사람들을 기다리기도 한다. 동물들의 길도 따로 마련하여 사람들과 부딪치지 않게 배려한다.

　천봉산 정상까지 다녀오기에는 시간도 시간이려니와 힘이 들 때가 있다. 그때는 천봉산 어귀에 나 있는 길을 따라 한 바퀴 도는 것도 괜찮은 방법이다. 중간쯤에서 팔다리 운동을 잠시 하고 내려오는데, 목운동을 하면서 하늘을 보노라면 꽤 높이를 자랑하는 소나무들이 가느다랗게 뻗어 비슷한 높이로 서 있는 것을 볼 수 있다.

　처음에는 어떻게든 하늘 가까이 올라 햇빛을 받기 위하여 그런 것이려니 했다. 나무는 자기 몸을 흔들면서 물을 빨아올린다는 것을 알게 되었을 때, 그들의 날씬한 몸이야말로 거기에 얼마나 적합하게 적응하고 있는가를 알게 되었다. 뻗어 올라가는 동안 그 길을 방해하는 가지들도 과감하게 포기하고 쭉쭉 뻗어 올라간 그 마음도 고스란히 이해할 수 있었다. 비슷한 높이를 유지하면서 함께 고른 햇빛을 만나는 지혜는 굳이 서로 다툴 필요성을 만들지 않는다. 오히려 강한 바람이 불 때 서로를 지탱하는 의지처가 된다.

소나무와 이웃하고 있는 참나무는 어떤 한 수종을 지칭하는 것이 아니라, 도토리가 달리는 '참나무 무리'의 여러 종류를 따로 구분하지 않고 집합적으로 부르는 이름이다. 겨울에 낙엽이 지며 잎의 모양이 밤나무 잎처럼 날렵하고 길쭉하게 생긴 상수리나무와 동그스름하고 비교적 큰 잎을 가진 신갈나무, 갈참나무, 굴참나무, 졸참나무, 그리고 떡갈나무, 이렇게 여섯 종류를 일컬어 '참나무'라고 한다.

상수리나무와 굴참나무는 잎이 길고 가늘며, 신갈나무와 떡갈나무는 잎이 크고 두툼하다. 졸참나무와 갈참나무는 중간 크기의 넓은 잎을 가지고 있다. 참나무 종류의 열매인 도토리는 겉은 단단하고 매끄러운 껍질로 되어있고, 안에는 넉넉한 녹말이 들어있다.

그리 높지 않은 야산이나 동네 뒷산에는 상수리나무와 굴참나무가 자라고, 지력이 좋고 습기가 많은 계곡에는 주로 졸참나무와 갈참나무가 산다. 산마루나 정산의 능선에는 대부분 신갈나무가 자리 잡고 있다. 거의 같은 종류여서 이름도 통합될 정도로 닮았지만 서로 다투지 않는다.

나무 질이 단단하면서 질기고 오래 썩지 않아 예부터 목재로 많이 사용했다. 화력이 좋고 더 오래 불씨를 유지하여 땔감으로도 널리 사용되었으며, 줄기에서는 표고버섯이 자랐다. 몸을 다양한 모습으로 기꺼이 사람들에게 내어주는 것이다. 무엇보다도 도토리는 배고픔을 달래 주는 구황식물로서 임금이 직접 시식을 할 정도로 귀중하게 여겼다. 열매로 주는 혜택이다. 어떻게든 살 수 있다는 것을 말해주는 듯하다. 마치 가난한 사람들을 위하여 태어난 천사처럼 참나무는 모든 것을 내어준다. 사람들은 그래서 참 좋은 나무라고 '참나무'라는 이름을 붙여주었을까.

봄은 특별한 색깔이 없다. 어쩌면 너무 많은 색깔로 뒤엉켜서 기억할 사이가 없다는 말이 더 맞는지도 모르겠다. 화려하게 뒤섞여 색깔의 아수라장이 된 봄의 안으로 가만히 들어가 보면 그럴 수밖에 없다는 것을 알게 된다. 제일 먼저 피는 연노랑의 산수유가 채 옷을 갈아입기도 전에 샛노란 개나리가 덮어버리고, 매화의 흰색, 분홍색, 연두색이 뒤섞여 핀 곳에 진달래의 진한 붉은 색이 한 발 앞으로 내닫는다. 그 위를 다양한 벚꽃의 색깔이 온 산천을 화려하게 물들이는가 했는데 하얀 배꽃, 자두꽃, 연분홍 사과꽃이 이어서 그 아름다운 색깔과 자태로 사람들의 눈을 끌어당긴다.

땅에 가만히 앉아 보면 제비꽃의 화려한 색깔과 자태도 만만치 않다. 그 주위에서 경쟁이라도 하듯 피어나는 복수초, 양지꽃, 달래, 냉이, 돈나물, 꽃다지, 지칭개, 봄맞이, 꽃말이, 민들레…… 헤아릴 수 없는 색깔들이 피어나고 진다. 큰 색깔 속을 굳이 비집고 들어가지 않아도 봄의 색깔 속에서 중요한 자리를 차지하는 풀꽃들의 미소를 볼 수 있다.

하나같이 자신들의 몸을, 꽃을, 심지어는 뿌리까지 기꺼이 내어 놓으면서 밥이 되고, 약이 되어주는 그들의 속마음을 읽는다.

초등학교 1학년 때였다. 친구들이랑 학교 가는 길에 논둑 밑에 피어 있는 제비꽃에 넋을 잃었던 적이 있었다. 그 앙증맞게 예쁜 꽃을 보면서 쓰다듬다가, 맛을 보다가, 밥이 되고 반찬이 되었다가 하는 동안 해는 이미 저만치 기울어 수업을 마칠 시간이 되어있었다. 6년 동안에 단 하루 결석을 한 날이었다. 아마 열흘쯤 결석했더라면 나는 산천을 훠이훠이 쏘다니며 나무와 풀과 친구가 되는 식물학자가 되었을지 모른다. 어쩌면 아름다운 시인이 되었을 수도 있겠다.

이 나이가 되어서야 자연이야말로 가장 아름답고 친절한 나의 스승이었다는 사실을 깨닫게 되었다는 것이 고맙고 부끄럽다.

가냘픈 여자

스멀스멀 몸과 마음을 기어오르는 스산한 기운이 가득한 가을
이다. 하루를 채우는 시간이 흐를수록 그 기운은 조금씩 강해진다.
오후가 익어 가면 녹음이 벗어던지는 그늘의 두께도 진해지게 마
련이다. 게다가 잔잔한 바람이 불어 낙엽이라도 흩날리게 되면 몸
과 마음이 함께 으스스해져 온다.

스산한 기운을 벗어나는 데는 체온을 올리는 일보다 더 좋은 게
없다. 부지런히 산길을 걷다 보면 체온이 오르고 숨이 차면서 땀이
난다. 몸이 따뜻해지면 마음도 조금씩 위안을 받아 부드러워진다.

내가 좋아하는 천봉산을 오르려고 길을 들어선다. 가냘픈 여자
가 하나 앞서 걸어가고 있다. 가볍게 제치고 앞장을 선다. 걸음이
빠른 나는 별로 신경 쓰지 않는다. 나를 제치고 나서는 사람을 별
로 본 적이 없기 때문이다.

느지막이 떨어지는 도토리 몇 알이 예쁘게 앉아 있다. 그냥 지
나치지 못한다. 두세 개를 주워서 손안에서 굴린다. 매끌매끌한 감

촉이 참 부드럽다. 저만치에 또 하나 떨어져 있는 도토리를 줍는데 새근대는 숨소리가 가깝다. 가냘픈 여자다.

서둘러 몸을 세워 빠른 걸음으로 산을 오른다.

'도토리의 배꼽은 왜 뾰족할까?'

매끌매끌한 도토리의 배꼽이 손을 찌르는 감각을 느끼면서 자꾸만 궁금하다. 매끄러운 도토리 피부에 하필이면 배꼽에 가시를 달아 놓았을까? 굴러가다가 무른 땅이 나오면 거기에 배꼽을 박고 뿌리를 내리라는 의미일까. 그럴 것 같다. 생명을 퍼뜨리는 무기로 조물주가 도토리에게 배꼽을 선물했다는 생각이 들면서 생명을 먼저 생각하는 내가 스스로 기특하다.

갑자기 호스피스 병동에서 투병하고 있는 친구가 도토리처럼 굴러와 내 마음 위에서 멈춘다. 그의 배꼽은 뭘까? 고등학교에 다니고 있는 늦둥이 딸일까. 그동안 살아온 아름다운 이력일까. 사지에 떨어져서 다시 생명이 되는 꿈은 어쨌든 아름답다.

이후의 기약이 없는 마지막은 '마지막'이라는 단어의 기억만으로 슬프다는 생각을 하면서 잠시 섰는데, 가벼운 발자국 소리가 가까이 다가온다. 가냘픈 여자다.

다시 서둘러 걸음을 재촉한다. 오르면서 쉬어갈 수 있도록 의자들이 마련되어 있고, 정자도 서 있고, 약수터도 있지만 다 지나친다. 몸이 뜨거워지고 땀이 송글송글 이마를 적신다. 땀을 닦으며 마음도 따뜻한 기운을 받아 훨씬 부드러워진다.

오르는 길가를 마구 파헤쳐 놓은 흔적 속에서 덩치 큰 멧돼지가 웃고 있다. 덩치에 어울리지 않게 자그마한 굼벵이나 지렁이 따위를 먹으려고 파헤쳐 놓았다고 생각하면 왠지 좀스럽다는 느낌을 받는다. 하지만 그게 새끼들을 생각해서 한 행동이라고 생각을 바꾸어 보면 모정이 주는 성스러움이 그 안에 담겨 있음을 발견하게 된다.

멧돼지마저 부드럽게 받아들이게 될 즈음 그늘에 덮인 길이 끝난다. 정상의 밝은 기운이 확 트인 시야를 제공한다. 시원하다. 야호, 소리라도 지르고 싶은 충동에 사로잡힌다. 잠시 땀을 닦는 동안 타박타박 뒤따른 낯익은 발자국 소리가 햇빛처럼 따사롭다.

한때 이 산을 얼마나 빨리 오를 수 있을까 하는 기록에 매달렸던 적이 있다. 435.8미터! 첫날은 산의 반도 오르지 못하고 포기했다. 중간쯤 덩그렇게 놓여 있는 바위에 앉아서 얼마나 허탈해했던가. 열흘쯤 오르기를 반복하면서 한 시간에서 50분으로, 40분으로, 마지막에는 37분까지 시간을 단축하면서 의기양양했던 적이 있다. 벌써 오래된 이야기다.

올해 그 기록을 다시 도전해 보겠다고 안간힘을 쓰면서 빠른 걸음으로 올랐다. 처음에는 헉헉 숨이 차다가 가슴이 뻐근한 통증으로 묵직해진다. 범벅이 된 땀을 닦으면서 조금 더 빨리 오르는 것이 주는 의미에 대하여 생각하는데 문득 가냘픈 여자가 살그머니 웃고 서 있다.

예쁘다. 문득 나도 가냘픈 여자가 되고 싶었다. 가냘프지만 한결같은 발걸음이 주는 의미가 크다는 생각을 하면서.

하지 않을 수 있는 여유

　삼삼오오 모여 서서 이야기꽃을 피우는 아이들 사이로 햇볕이 따갑다. 시원한 그늘을 두고 굳이 햇볕 가운데 서 있으면서도 전혀 개의치 않는 아이들 모습이 참 신기하다. 젊음은 그늘이나 햇볕을 가리지 않는다. 다만 내 말을 들어주고 내가 말할 수 있는 상대가 있는 곳이면 거기가 바로 그늘이다. 심지어 햇볕 가운데를 가로질러 달리는 아이들과 그 아이를 따라 달리는 아이들의 이마에서 흐르는 땀방울은 쉰다는 게 무엇인가를 다시 생각하게 한다.

　이 정도 쉬었으면 됐다. 이제 모여서 무엇이든 해야 한다. 내가 일어서니 그녀도 따라 일어섰다. 틀림없이 내가 해야 할 말마디를 하나하나 일러줄 것이다. 그랬다. 어투 하나까지 알려준다. 나는 앵무새처럼 일러주는 말을 마이크로 아이들에게 전달하면 그만이었다. 이런 것을 뭐라고 해야 하나, 지시라고 해야 하나, 하달이라고 해야 하나. 그녀가 시키는 대로 하는 시간이 늘어가면서 점점 내가 무엇을 하고 있는지 혼란스러웠다.

'그럴 거면 굳이 내가 하지 않아도 되는 것을.'

하지만 그녀는 그 과정을 고집했다. 갈수록 나는 로봇이 되어가는 기분에 사로잡혔다. 그 자리는 피하고 싶다고 하여 피할 수 있는 자리가 아니었다. 내가 정말 로봇이 되어가고 있다는 기분이 짙어질수록 스스로 나를 포기하고 있었다.

이듬해 여름, 똑같은 교육이 아이들을 기다리고 있었다. 나는 고개를 내저었다. 또다시 그녀의 로봇이 되어 앵무새처럼 지시를 뇌까리고 싶지는 않았기 때문이다. 여기저기 수소문을 해 본 모양이지만 아무도 그 역할을 받아들이려고 하지 않았다.

다시 공이 내게로 돌아왔다. 생각이 깊어졌다. 누구든 해야 할 일이고, 아이들이 중심에 있어야 하는 일이었다. 너무 오래 버틸 일이 아니었다. 조건을 내걸었다.

'그 어떤 간섭도 하지 말 것.'

한참 동안의 침묵이 흐른 후에 대답이 돌아왔다. 그렇게 하겠다고 했다.

교사진을 모으고 봉사자를 모았다. 회의를 통하여 토론하면서 프로그램을 만들고 실천 계획을 세웠다. 준비 단계부터 기운이 넘쳤다. 그녀는 참고만 하라면서 프로그램 하나를 슬쩍 내밀었다. 보지 않겠다고 했다. 그걸 보게 되면 또 그 프로그램에 얽매일 수가 있었기 때문이다.

계획 단계도 실천 단계도 아무 무리 없이 성공적으로 마무리 되었다.

"내가 아무것도 하지 않아도 될 수 있다는 것을 처음으로 느꼈어요. 아니, 아무것도 하지 않아야 한다는 걸 깨달았어요."

자만심에 가득 찬, 고집 센 오 수녀님의 진솔하고 아름다운 고백이었다.

33년 동안의 교직 생활을 마무리하는 자리에 섰다. 후배 교사들의 시선이 내 입의 움직임에 호기심을 보이며 고정되어 있었다. 긴 세월 동안의 경험 속에서 어떤 교사가 가장 아름다운 교사일까, 나는 아름다운 교사였을까, 이제 내가 고백해야 하는 자리였다. 곰곰이 생각했다.

"아무것도 하지 않는 교사가 가장 아름다운 교사라고 생각합니다."

그건 나의 진심이었다. 그것은 내가 아이들에게 너무 많은 것을 해 주었다는 진솔한 고백이기도 했다.

아들이 격심한 스트레스로 몸이 많이 망가져 있었다. 망가진 몸을 다시 일으켜 세우는데 필요한 것이 많았다. 치료는 말할 것도 없고, 먹거리, 운동, 마음 다스리기……. 그 무엇보다도 마음을 편하게 가지는 것이 중요했다.

아내는 아들보다 더 몸도 마음도 바빠졌다. 먹어야 할 것들을 매일 정성스럽게 준비하여 보냈다. 해야 할 운동의 목록들도 함께 싸서 보냈다. 아들이 먹고 소화하기에는 음식도 운동도 너무 많았다. 아들의 마음에는 고마운 부담이 자라고 있었다.

하지 않는 것이 사랑일 때가 더 많다. 하지 않는 것이 아름다울 때가 더 많다. 그것이 바로 스스로 할 수 있는 힘을 자라게 하는 넉넉한 자양분이 되기 때문이다.

화해

문득 거기에 가 보고 싶었다. 도둑고양이처럼 발꿈치를 들었다. 사방을 두리번거리며 살폈다. 그럴 필요가 없는 곳인데도 가슴이 쿵쾅거렸다. 혹시 사람이라도 있으면 어쩌지? 쓸데없는 상상까지 하면서 살며시 문을 열었다. 아무도 없었다. 다행이었다. 꽤 넓은 곳에 소변기가 서너 개 휑하니 서 있었고 그 옆으로 문이 두어 개 보였다.

여기를 들어오기가 그렇게 어려웠구나. 얼추 30년의 세월이 흐르는 동안 여기를 들어오지 못했다. 아니, 들어오지 않았다. 다시는 이곳에 발을 들여놓지 않으리라 다짐을 하고 그것을 실천했다는 표현이 더 맞을 것 같다.

아마 이쯤에 우리 사무실이 있었겠구나. 그러면 저쪽이 농민단체 사무실이었을 것이다. 30년 전 기억을 하나하나 더듬어 보면서 내 마음의 고리를 서서히 풀고 있었다.

철거가 시작되었다. 지붕을 덮고 있던 조립식판넬 지붕을 한 장 한 장 뜯어내고 있었다. 순식간에 하늘이 뻥 뚫렸다. 비어 있는 공간을 알아차리고 찾아온 차가운 바람들만 가득하다. 벽으로 서 있던 조립식판넬은 갈대처럼 더 쉽게 넘어졌다. 서로 의지하고 있던 몸에서 떼어내는 순간 고개를 숙였다. 뚝딱거리며 빼고 쌓는 소리가 가슴을 후벼 파고 들어왔다.

값싼 조립식판넬이어서 예상보다 빨리 형체를 잃어 가는 것일까. 몇 시간도 되지 않아 시멘트 바닥이 거칠게 그 모습을 드러냈다. 헐어낸 조립식판넬을 필요한 사람이 실어간 후에는 거기에 어떤 공간이 있었는지조차 알아차릴 수 없을 정도로 휑하니 찬 바람이 일었다.

순식간에 헐려버린 허술한 공간이었지만 그 공간의 필요성이 받아들여지는 데는 꽤 오랜 시간이 걸렸다. 여러 번의 회의를 거쳐야 하는 일이었다. 여러 곳에서 양해를 받아야 하는 일이었다. 진보적인 변화에 뾰족한 알레르기 현상을 보이는 사람들을 설득하는 일이 가장 어려웠다. 만만치 않은 행정적인 절차도 기다리고 있었다. 행정에 밝은 사람 두엇이 꽤 여러 날을 뛰어다녔다. 건물을 세우는 비용을 마련하는 일은 차라리 거기에 비하면 쉬운 일이었다.

건물이 완성되는 날, 잔치가 벌어졌다. 보금자리를 얻은 가난하기 이를 데 없는 단체들의 어깨에 더덩실 춤이 일었다. 성당부지 안에 있는 건물이라 천주교 관련 단체가 관리를 맡고, 교육단체, 농민단체가 함께 사용하기로 했다.

그곳은 성당 평신도들이 오가면서 자유롭게 모여서 이야기하는 공간이 되었다. 사랑방처럼 길을 지나가던 신자들이 들러서 이야기를 나누다 갔다. 신자들의 할 일이 생산되는 곳이 되기도 하고 일을 하다가 와서 쉬는 곳이 되기도 했다.

학생과 교사들이 모여서 공부를 하고 연수를 했다. 노래를 부르고, 춤을 추었다. 제대로 된 배움이 무엇인가를 고민하기도 하고, 직접 그 자리가 배움의 자리가 되기도 했다. 가르치던 교사들의 배움터가 되기도 하고, 학생들이 가르치고 교사가 배우기도 했다.

농민들은 모여서 농사짓는 이야기도 나누고 씨앗도 나누었다. 일할 날짜가 잡혀서 놉을 구하는 장소가 되기도 했다. 식용유를 모아서 비누를 만드는 생산 공장이 되기도 하고, 도저히 못 살겠다고 아우성치는 시위용 팻말을 생산하는 곳이 되기도 했다.

거기서 농민과 교사가 사랑을 나누다가 결혼으로 연결되기도 하고, 농촌 봉사활동을 내려왔던 대학생과 농민이 사랑의 결실을 이루어 이곳에서 아름다운 둥지를 틀기도 했다. 아름다운 일들이 생기는 아름다운 생활 공간으로 확장되어 갔다.

웃음과 희망이 가득하다가 때로는 아픔을 삭이는 공간이 되기도 하면서 몇 해를 잘 살았다. 가난한 이들이 행복을 찾아가는 공간으로 자리매김해갔다. 하지만 책임자가 바뀌고 분위기가 조금씩 달라졌다. 야금야금 사무실 문제에 발을 들여놓더니 결국 철거해 달라는 통보가 떨어졌다.

필요한 땅이라고 했다. 주인이 필요하다는 땅에 더 버티고 있을 수는 없었다. 단체들의 활동 장소로 이 지역의 상징적 공간이 되어

가던 곳에 화장실이 들어선다고 했다. 현기증이 일었다.

그 화장실을 생각할 때마다 떠오르는 생각이 오랫동안 나를 괴롭혔다. 화장실 이전에 거기서 이루어진 숱한 일들이 주마등처럼 스쳐 지나갔다. 때로는 가난한 이들의 선거 공간이 되기도 하고, 공부하는 장소가 되거나 일하는 공간이 되기도 했다. 모두가 잘사는 꿈을 꾸면서 다양하게 활동하던 사람들의 땀방울이 묻어 있는 곳이기도 했다. 아이들이 거기서 제대로 된 행복한 교육이 무엇인지 물었다. 순수하고 알찬 씨앗들이 거기서 발아하여 옥토로 흘러 들어갔고, 많은 이들이 보고 싶어 하던 사람들을 만났다.

그 후 아름다운 꿈을 가진 사랑하는 사람들을 헤어지게 만드는 일이야말로 가장 잔인한 일이라는 생각을 오랫동안 했다. 각 단체가 다시 각자의 자리를 찾아 제대로 앉는 데는 꽤 많은 시간이 걸렸다.

이제는 그때 그 공간보다 훨씬 더 훌륭한 공간을 가지고 있어도 그 공간을 활용할 사람이 없다. 사람들도 사라지고, 순수한 마음도, 열정도 많이 식었다. 문득 30년도 더 된 아픈 기억과 스스로 화해를 하고 싶었다. 단지 그 자리에 내가 다가서는 것으로 마음의 빗장이 풀렸다.

그 건물이 완공되어 잔치가 열리던 날이 보금자리가 없던 사람들에게는 행복한 성탄절이었다. 거기서 쫓겨 난 날은 어쩌면 예수님이 돌아가신 날이었을지도 모르겠다.

고향 가는 길

오래 다닌 길은 눈 속이 아니라 마음속에 녹아 있다. 마치 눈을 감고도 갈 수 있을 것처럼 손에 잡힌다. 구석구석 배어 있는 추억들이 발길을 늦추게 하기도 하고, 아예 멈추고 서서 넋을 잃게 하기도 한다.

멀어도 가까운 길이 있고, 가까워도 먼 길이 있다. 나는 멀어도 가까운 길을 좋아한다. 굽이굽이 마을을 돌다 보면 어느 집, 어느 모퉁이도 낯선 데가 없다. 고향을 가는 길이 특히 그렇다.

집을 나서서 왼쪽으로 방향을 틀면 20년 넘게 성당을 모시고 다닌 할머니들이 주일 아침이면 일찌감치 나와서 아침 햇볕 속에 햇살처럼 앉아 계시는 소박한 정류장을 만난다. 소박하고 볼품이 없지만, 할머니들의 온기가 거기에 살아 있어서 말할 수 없이 정겹다. 정류장에서 밭둑을 둘러 쳐놓은 나무 울타리를 따라 나 있는 오솔길 끝에는 10년도 넘게 돌아가신 남편을 그리워하며 살고 계신 할머니의 안식처가 있다. 조금 더 올라가면 얼마 전 할아버지를 잃고 역시 혼자가 된 또 다른 할머니가 사시는 집이 소박하게 앉아 있다. 봄이면 꽃이 피고 가을이면 감이 주렁주렁 달려 붉디붉은 색깔로 지나가는 사람들의 눈길을 끄는 정겨운 집이다.

나지막한 장고개를 넘으면 내가 부치던 논과 밭, 10여 년 동안 얼마나 정이 든 장소였던가. 농사가 잘되면 잘 되어서 좋고, 안 되면 안 된 대로 부끄러운 즐거움이 있다. 몇 개 달리지 않은 열매들을 소중하게 보듬어 안고 돌아오던 저녁 무렵의 그 행복감이 주던 따뜻한 기운이 지금도 내 마음속에 고스란히 남아 있다.

조금 더 내려가면 서울에서 온 친구의 너른 밭이 나온다. 어느 해 생각 없이 많이 심은 고구마를 처리할 수가 없어서 쩔쩔매던 기억이 새롭다. 주위 사람들이 맛있는 고구마를 싸게 먹는 고마운 기회를 제공하는 것으로 위안을 받았던 기억이 새롭다. 서울에서 태어나 농사라고는 모르는 친구가 농사를 짓겠다고 밭을 장만하고 거기에 삶을 심고 거두며 살아가는 모습이 너무 아름답다.

조금 더 내려가면 환경농업학교, 도시에서 살다가 농촌으로 내려온 사람들이 다양한 활동을 하면서 행복했던 곳이다. 춤추고 노래하고 배워 익히며 단련하던 의미 있는 곳이다.

오른쪽으로 방향을 틀면 남적, 세천이 나온다. 제법 너른 들을 내려다보며 늘 풍요로운 삶을 꿈꾸는 사람들이 사는 곳이다. 빠른 우회도로가 나 있지만, 옛날 도로가 더 정겹다.

큰 도로로 올라가서 한참 가다 보면 가장 눈길을 끄는 곳이 함창 들이다. 엄청 너른 들판에 벼가 심기고 자라고 익어가는 색깔이 시시각각으로 달라지는 아름다운 곳이다. 사시사철 다른 빛깔로 마음을 당긴다.

조금 더 올라가면 누님이 사시는 곳, 점촌이다. 늘 다정하게 손잡아 주시는 누님이 사시는 곳이라는 생각만으로도 따뜻하다. 어느 장소든 의미 있는 누군가가 산다는 사실 하나만으로 포근하게 다가온다는 게 신기하다.

조금 더 올라가면 진남교반이 나온다. 수십 년 묵은 벚나무가 즐비하여 봄이면 꽃천지를 이룬다. 앞산에 산벚꽃이 피면 온통 산이 꽃 대궐로 변한다. 쌀쌀한 겨울바람을 맞으며 가는데도 하얀 벚꽃이 막 달려와 안기는 것은 그 풍경이 이미 내 가슴 속에 똬리를 틀고 살아 있기 때문이 아닐까.

조금만 더 올라가면 앞에 환히 웃으면서 나타나는 주흘산. 어릴 적부터 친구처럼 보면서 자란 아름다운 산이다. 주봉이 높을까, 영봉이 높을까 말씨름을 숱하게 하지만, 뒤에 멀찍이 나앉아 있는 영봉이 높다고 해도 보면 늘 낮았다. 주흘산은 엄청난 추억들이 보물처럼 묻혀 있는 곳이다. 길을 잃고 헤매던 기억에서부터 벌에 쏘여 숨을 제대로 쉬지 못하게 했던 혜국사 계곡, 사랑하는 사람들과 달콤하게 걸었던 2관문 길, 기도굴에서 함께 나눈 슬픔, 그리고 김밥, 눈보라 속에서 철퍼덕 넘어지던 기억까지.

눈 내린 새재길을 오른다
모퉁이마다 나를 알아보는 흔적
살아온 햇수만큼 뚜렷하고
꽁꽁 싸맨 나를 따라오는 숨소리마저 낯익다

내가 가는 곳에는 늘
내가 있다는 사실을 종종 잊고 산다
눈이 내렸다는 사실을
뽀도독 뽀도독 알려주는데도
미끌 발을 헛디디는 방심
그 위에
철퍼덕 누우면
마치 내가 나의 길이 된 듯
나를 밟고 지나가는 또 다른 나

<졸시 '눈길을 걷다' 전문>

주흘산의 환영을 받으며 내 고향 문경을 들어서면 어릴 적 추억들이 포도알처럼 송알송알 맺혀있다. 한 알 한 알이 다 달콤하다.

그중에서도 내가 살던 동네, 요성은 옛 모습과 많이 달라지기는 했지만 내가 가면 다시 빈틈없는 옛날로 돌아간다. 참으로 신기하다. 내가 살던 집, 마당 앞에 커다랗게 서 있던 살구나무, 살구나무를 감고 올라가 엄청 많은 포도가 달리던 포도나무, 뒤꼍에서 먹감을 주렁주렁 달고 익어가던 감나무, 장독대, 그 옆에서 커다란 잎을 자랑하면서 커가던 토란, 나리꽃, 무궁화, 쇠죽을 끓이던 커다란 솥, 그 옆에 높다랗게 서 있던 굴뚝……. 눈에 보이지 않는 작은 것들까지 알뜰히 복원된다.

무엇보다 가슴을 넉넉하게 하는 것은 형님과 형수님의 반김이다. 세월이 흘러도 변함없이 두 팔 벌려 반기는 미소는 늘 가슴을 울렁이게 한다. 그 미소 안에 아버지도 어머니도, 심지어는 우리가 살아온 긴긴 추억이 다 들어있다.

　형님의 말씀 안에 아버지가 보이고, 형수님의 음식에 엄마가 녹아 있다. 고향은 언제나 나를 받아 안는다. 한 번도 떠밀어 내는 법이 없다. 마치 엄마 자궁처럼 편안하다.

　고향 가는 길은 그래서 늘 두근거리는 가슴으로 첫발을 내디딘다. 가는 길가 주위 풍경과 거기에 사는 사람들, 심지어는 자연까지 내게 손 흔들어 주는 것을 느끼면서.

그날 밤

    사람들은 상식적으로 일어날 수 없는 일이 일어났다고 판단될 때 두려움을 느낀다. 일의 크기에 따라 바람처럼 지나가는 사소한 일도 있지만 어떤 일은 감당할 수 없는 산사태처럼 무겁게 다가오기 때문이다.

    하릴없이 바람 소리를 들으며 리모컨을 이리저리 돌리고 있었다. 어떤 채널에서는 가수들의 노래가 불꽃놀이처럼 화려하게 퍼져나가고 있었고, 어떤 채널에서는 열띤 토론으로 텔레비전이 벌겋게 달아오르고 있었다. 대부분 의미 없는 말로 사람들의 웃음을 끌어내려는 얄팍한 상술이 난무하는 것을 보면서 시들해질 때쯤이었다. 무심코 돌리다가 문득, 거의 들어가 본 적이 없는 채널 앞에서 멈추어 섰다.

    거기에 바깥바람에 비길 수 없을 만큼 어마어마한 큰 덩치의 바람이 불고 있었기 때문이다. 왜 하필이면 여기일까. 다시 빠른 속도로 다른 채널을 기웃거렸지만 아무런 기미가 드러나 보이지 않왔다. 다시 그 자리로 갔다. 그게 사실이라면 점점 더 큰 덩어리의 바람으로 바뀌어 가고 있는 것이 분명했다.

멀리서 총소리가 희미하게 들렸다. 군홧발 소리인 듯한 무거운 소리가 요란해지고, 부연 흙먼지가 일었다. 길 가는 사람들이 영문도 모른 채 줄을 서고, 분류되어, 자신의 의지와 상관없이 가는 곳이 정해지는 어지러운 상황이 연출되고 있었다. 흑백 무성영화처럼 흐릿한 그 세상의 끝에는 한결같이 무자비한 폭력이 총구처럼 참호 속에서 눈을 말갛게 드러내놓고 기다렸다.

어디로 가는지 질문할 수 없다. 묻는다고 해도 대답을 들을 수 없다. 대답이 쇳덩어리로 돌아오는 순간, 나의 세상은 사라진다. 누가 알려주지 않아도 본능적으로 체득된 답을 온몸으로 소리치면서 그냥 안쓰럽게 버둥거린다.

제대증을 받으러 가던 날, 거기에 그 사람들이 모여 있었다. 아무런 표정 없이, 자기 의사라고는 없는 나무껍질 같은 육체를 이리저리 굴리며 소리를 질러댔다. 소리가 작다고 엉덩이를 차면 다 쉰 목소리를 또 쥐어짜면서도 아무런 불평을 하지 못했다. 그다음에 더 쥐어짤 남아 있는 목소리가 없다는 것을, 너무 잘 알고 있었기 때문이다.

연병장에는 꽤 많은 사람이 있었다. 한쪽에서는 묵직한, 전신주처럼 제법 무게가 나갈 듯한 나무둥치가 하늘 높이 올라갔다 내려오는 동작이 연속적으로 연출되고 있었고, 한쪽에서는 '좌로 굴러, 우로 굴러!', 한쪽에서는 '엎드려뻗쳐!', 또 한쪽에서는 '원산폭격'이라는 걸 하고 있었다. 오로지 고통을 주기 위한 동작들만을 골라서 시행하고 있는 이들의 잔인한 기운이 운동장에 가득했다.

채널을 돌렸다. 이제 거의 모든 채널에서 그 이야기를 자막으로 보내거나 기자들을 보내 생중계를 시작하고 있었다. 꿈처럼 몽롱하던 정신이 뚜렷한 현실로 돌아왔다. 아내를 깨웠다. 피난 보따리라도 챙겨야 할 듯, 다급함이 밀려왔다. 뭘 해야 하나. 어디로 가야하나. 이 시간에 거기까지는 너무 멀었다. 거기가 어딘지도 분명하지 않았다. 몇십 년은 지났을 어느 시점, 어느 지점일 수도 있었다.

넋이 나간 사람처럼 아무 말도 하지 못하고 멍하니 앉아 있었다. 시간의 흐름이 전혀 피부에 와닿지 않았다. 바깥에는 여전히 잔잔한 바람이 불었고, 안에서는 큰바람이 회오리를 만들었다. 그 회오리 앞에서 꿈쩍도 할 수 없었다. 할 수 있는 일이 없다는 것이 더 무겁고 답답하여 숨 막히는 두려움으로 다가왔다. 텔레비전 앞을 떠나지 않는 것이, 가장 효험 있는 기도라도 되는 듯이 한 발자국도 떠나지 못했다.

얼음 속에 있다 나온 사람처럼 차가운 시선 앞에 화면은 더욱더 냉혹한 현실을 내보이며, 참으라고 했다. 마치 한겨울 차가운 물에서 오래 견디는 경쟁이라도 하듯 눈을 부라리며 조금도 지지 않으려고 애쓰는 모습-두 주먹을 불끈 쥐고-으로 화면을 응시하고 있었다.

드디어 담이 조금씩 무너지기 시작하고, 군홧발 소리가 서서히 잦아들었다. 압축된 긴 시간 속에 매몰되어 있다 나온 듯 땀이 흘렀다. 화면이 조금씩 밝아졌다. 사람들의 어우러진 기운이 차가운 바람을 막아내면서 따뜻한 기운이 감돌았다. 두려움 덩어리도 서

서히 얼음 녹듯 녹았다. 봄이 아닌데 봄이 온 것처럼 따뜻한 바람
이 불었다.

닭 우는 소리와 함께 희뿌옇게 동녘 하늘이 밝아오고 있었다.

침묵이 입을 열면

입이 있어도 말할 수 없었다. 마치 아무 일도 없었다는 듯이 입을 다물어야 했다. 입이 무거워지는 만큼 속살의 상처도 깊어졌다. 겉은 메말라가고 속이 부풀어 오르는 현상은 극히 비정상적이다. 겉으로 드러나지 않는다고 하여 문제가 없는 것이 아니다. 오히려 더욱더 심각한 상황으로 흘러가고 있다는 것을 알고 있었다.

오랫동안, 아주 오랫동안 입을 다문 채 작은 일상 속에 몸과 마음을 묻고 살아온 그들에게는 마치 하루하루 살아가는 소소한 일만이 삶의 모두인 것처럼 보였다.

말을 좀 하라고 해도 할 말이 없었다. 아니, 할 말이 없는 게 아니라 해서는 안 될 말들만 가슴에 가득했다. 헝클어져 꼬이고 꼬인 실타래처럼, 어디가 시작이고 어디가 끝인지 찾기가 힘들고 그 안에 들어있는 내용도 뒤죽박죽이어서 말을 한다 해도 이해의 범주를 한참 벗어나 있을 수밖에 없는 말들뿐이었다.

하르방 대여섯 분이 햇볕을 쬐며 조용히 앉아 있었다. 바람을 피해 옴팡진 곳에 미동도 없이 앉아 있는 모습이 마치 다소곳한 정물화처럼 보였다.

햇볕 쬐러 나오신 거예요? 얼굴을 꽁꽁 동여맨 채 눈만 까맣게 드러낸 모습으로 알아듣기 힘든 말 몇 마디를 중얼중얼 덧붙이면서 고개를 저었다. 북촌을 들을수록 그들이 앉아 있는 곳이 햇볕 따뜻한 양지가 아니라 그때 그 시절의 어느 지점인 것처럼, 무서운 착시 현상으로 느껴지면서 다가왔다. 그들 각자의 가슴에도 가까운 이야기든 먼 이야기든 깊은 사연 하나씩 똬리를 틀고 살아가고 있을 것으로 짐작되기 때문이다. 제주, 그것도 북촌에서 나이 들어 생긴 주름 위에 가슴 에이는 사연 하나씩 얹어 살고 있지 않은 사람이 있을까.

외할아버지가 총을 맞고 돌아가셨어. 그 말을 할 수 있는 날이 될 때까지 얼마나 많은 세월이 흘렀고, 얼마나 깊은 가슴앓이가 그를 훑고 지나갔을까. 그 말을 하는 그의 입술을 응시하면서 문득 나는 엉뚱한 생각 속에 잠겨 있었다. 그의 외할아버지가 아니었더라면 쉽게 말할 수 있었을까. 차라리 말하고 죽는 게 낫지 않았을까. 그렇게 죽는 게 차라리 사는 길이지 않았을까. 죽음보다 힘든 침묵이 강요되던 시절이었다.

어떤 사람이 입을 연 순간, 포승줄이 날아오고 고문이 날아오는 것을 너무나 선명하게 목격한 그들은 어쩌면 입을 여는 순간이 죽는 길로 걸어 들어가는 첫걸음이 될 수도 있다는 것을 본능적으로 기억하고 있었을지도 모른다. 수십 년 동안 아무 일도 없었다는 듯이 입을 다문 채 우물을 파고, 담을 쌓고, 땅을 일구고, 파도를 헤치면서 살았다. 지나가는 바람도 통하고 사람의 눈길도 능히 통하는 엉성한 담을 쌓으며 마음을 열고 살았던 그들이 이제 그 틈을 꽁꽁 메운다. 메운 틈에 다육이를 심어 그나마 생명력을 불어넣는 사람들은 어쩌면 제주의 그 시절을 모르는, 육지에서 무심코 흘러들어 온 사람들이 아닐까.

골목을 나오면 북촌초등학교가 마을 외곽 조용한 곳에 다소곳이 앉아 있다. 노랗게 마른 잔디운동장이 가슴을 끌어당긴다. 거센 바람 가운데서도 햇살이 따사롭다. 오래 묵은 팽나무가 마치 그때 그 순간을 다 알고 있다는 듯 밑둥치가 굵고 가지가 풍성하다.

마을 사람들은 운동장으로 다 모이시오. 영문도 모른 채 쭈뼛쭈뼛 웅숭그리며 모인 사람들 틈에서 군인, 경찰 가족을 추려낸 후 무작정 갈겨대던 총구는 어른, 아이를 구분하지 않았다. 여자도 남자도 구분할 필요가 없다는 듯 좌우를 훑었다. 이유도 없이 목숨을 잃은 아이들은 너븐숭이로 가고 어른들은 위치도 알지 못하는 어느 구덩이에 내던져져 소리 소문도 없이 묻혀 세월이 흘렀다.

창고가 사형장이 되고, 주정 공장이 집결소가 되었다. 재판에는 순서가 없었고, 총 든 사람들의 마음에 들지 않으면 바로 총알이 날아들었다. 그들은 아마 거의 입을 겨냥한 듯, 그 후로 누구든 한마디도 하지 못하고 입을 닫은 채 살았다.

살아도 살았다는 말을 하지 못했고, 죽어도 죽었다는 말을 하지 못했다. 침묵이야말로 그들이 아무 일도 겪지 않고 살아갈 수 있는 유일한 무기였다.

적어도 어느 돌무덤 옆에서 순이 삼촌이 다 썩어가는 몸뚱어리를 꿈틀대면서 일어날 때까지는 그랬다. 순이 삼촌의 입이 열리면서 세상의 문이 서서히 열렸다. 포승줄이 옆 사람 입을 묶으면 그다음 사람이 입을 열었다. 고문으로 그 입이 문드러지면 그다음 사람이 또 입을 열었다. 입이 열리면서 드디어 세상이 열렸다. 열린 세상으로 빛이 쏟아져 들어왔다.

하늬바람이 강하게 불어도 북촌초등학교 운동장에 내리쬐는 햇빛이, 아이들이 부르는 노랫소리처럼 따뜻하게 밀려온다.

공부하는 방학

　햇빛이 폭포처럼 쏟아지고, 들판은 진녹으로 가득하다. 동심은 들판을 가로질러 물이 흐르는 냇가로 달린다. 거기에는 기쁨에 젖은 함성과 출렁이는 즐거움의 동작들이 어지럽게 뒤섞여 뒹군다.

　방학은 쉬는 게 아니다. 더욱더 신나는 배움의 자리로 아이들을 안내한다. 푸르름을 배우고, 뜨거움을 배우고, 신명을 배운다. 마치 누가 더 신나게 노는지 시합이라도 하듯 깔깔거리며 첨벙댄다.

　나는 시골에서 태어난 것을 감사한다. 시골이 아니면 어떻게 그 뜨거운 햇빛과 시원한 시냇물을 만났을 것이며, 온통 사방이 푸른빛 바다로 펼쳐진 논둑길을 그처럼 오랫동안 걸어볼 수 있었을까.

　고삐를 잡고 '이랴!', 혹은 '워!' 한 마디에 나보다 덩치가 몇 배나 큰 소가 내 말을 알아듣고 가다 서기를 반복하는 신기하고 신나는 경험을 할 수 있었을까.

　나는 가난한 농부였던 아버지 어머니 밑에서 태어난 것을 고마워한다.

"밭매러 가자!"

엄마의 말이 떨어지기가 무섭게 "나는, 소!"라고 소리치면서 고삐를 잡고 냇가로 가면, 마음 약한 형의 손에 더 많은 호미가 쥐어지고는 했다.

많은 손이 필요할 때는 그런 얕은꾀가 통하지 않았다. 하필이면 콩은 방학 때 자랄까. 엄마는 입버릇처럼 '콩밭은 콩대가 쓰러지지 않도록 북을 주는 일이 중요하다.'고 하셨다. 한 사람이 지게를 지고, 한 사람은 쟁기를 잡고, 또 한 사람은 북을 주면서 따라야 하니 할 수 없이 형과 함께 엄마 뒤를 터덜터덜 따를 수밖에 없었다. 그런 때는 내가 지게를 지고 소가 되는 일을 자청했다. 이왕 할 거라면 그게 남자답다고 생각했었나 보다. 엄마가 쟁기를 잡으면 형이 따라오면서 북을 주었다.

"엄마, 빨리 간다!"

내가 황소보다 더 큰 힘으로 용을 쓰면서 내달으면 엄마는 "너무 빨라서 못 따라가겠다."고 엄살을 부리시면서도 "이렇게 하면 금방 다 하겠다."고, "우리 막내 최고라."고 칭찬을 하시면서 활짝 웃으셨다.

갈 때는 무거웠던 발걸음이, 일하면서 신명으로 풀리고, 돌아올 때는 새털처럼 가벼워져서 돌아왔다. 그때 일이 놀이가 되는 것을 배웠다.

퇴직하고 이제 온전한 방학이 되었다. 모든 시간이 나의 것이 되었고, 내가 언제든 마음대로 꺼내 쓸 수 있는 자리에 현금인출기처럼 시간의 저장고가 늘 문이 활짝 열린 채로 나를 기다리고 있다.

흙과 대화를 나누면서 사는 일에 시간을 썼다. 참깨도 심고, 들깨도 심었다. 감자도 심고 고구마도 심었다. 시금치, 아욱, 근대, 상추, 치커리, 쑥갓, 겨자채 씨앗도 뿌렸다. 생소한 산마늘, 당귀, 참나물, 눈개승마, 곰취, 곤드레, 부지깽이나물, 땅두릅, 방풍나물 등에는 이름표를 붙였다. 가을이면 양파도 놓고, 마늘도 놓았다.

씨를 뿌리거나 모종을 심을 때면 이미 다 자라서 싱싱한 모습들이 선명하게 떠오른다. 탱글탱글한 씨앗 주머니를 대롱대롱 매달고 튼실하게 익은 참깨가 이미 그 씨앗 안에 고스란히 보인다. 여리디여린 모종 안에 둥글둥글 튼실한 양파가 보이고, 벗겨도 벗겨도 끝이 없는 맛있는 세상을 만난다.

농사는 일이라기보다 명상의 시간에 가깝다. 땀 속에 웃음과 보람의 씨앗이 잔뜩 들어있어서 흘릴수록 풍요로워진다.

여유롭게 책을 읽는 일에 시간을 썼다. 책 읽기 모임을 기웃거리기도 하고, 제안하기도 하고, 제 발로 찾아오기도 하여 적어도 한 달에 서너 권의 책을 읽고 나눌 수 있는 자리가 생겼다. 내가 알고 있던 책을 한 번 더 읽기도 하고, 처음 만난 책을 읽고 서로 대화를 나누기도 했다. 독특한 책의 세상에 사람들의 삶의 경험이 보태어짐으로써 점점 더 확장되어가는 사색의 공간을 만나는 것이 마냥 즐겁다. 사색의 공간은 다양한 것들을 만날 수 있는 너른 장소일수록 좋다는 것을 실감한다.

하고 싶은 이야기를 글로 쓰는 일에도 시간을 행복하게 썼다. 글을 쓴다는 것은 내 안에 고여 있는 경험과 상상의 결과물을 밖으로 퍼내는 작업이다. 채워진 나를 비우는 작업인 것이다. 나를 비우고 밖으로 드러내는 일은 용기가 필요하다. 그 용기의 결과물을 앞에 놓고 포장을 벗기면 글쓰기의 논리성은 사라지고, 삶의 향기만 가득하다.

글을 나누는 자리지만 사실은 그 안에서 이야기하고 있는 사람을 더 많이 만난다. 글 나누기가 아니라 삶 나누기가 되어 그 사람 속으로 깊이 들어가는 것을 느낀다. 이처럼 여유롭게 누군가를 깊이 만난 적이 있었던가.

온전한 방학에 나는 오히려, 공부하면서 행복하다. 내가 스스로 하는 일은, 무엇을 하든 놀이가 되고, 그래야 온전한 방학이 된다는 것을 이 나이가 되어서야 깨닫는다. 농사도, 독서도, 글쓰기도 내가 좋아서 하는 요즈음이 그래서 가장 여유로운 방학이다.

사람들이 인사처럼 묻는다.

"요즘 많이 바쁘시지요?"

"아니, 늘 놀아요."

똥줄 타다

　이발소 풍경은 젖은 날씨처럼 을씨년스러웠다. 스산한 바람이 부는 것 같기도 하고, 축축한 포말들이 떼를 지어 뭉쳐 있는 것 같은 무거운 분위기. 아저씨는 우리가 들어가자 의자에서 벌떡 일어섰지만, 아주머니는 본 듯 만 듯 졸고 있는 것 같기도 하고 손톱을 정리하고 있는 듯한 모습으로 그냥 앉아 있었다. 하지만 그건 아무 문제가 되지 않았다.

　우리는 그냥 머리를 깎으면 되는 일이었다. 지하 2층에 이발소가 있었다. 머리카락을 잘라내는 일이 마치 통과의례처럼 엄숙했다. 그동안 애지중지 기르고 빗어온 머리카락이 잘려 떨어지는 모습을 눈으로 확인하면서 속이 상하지 않을까 걱정스러웠다. 하지만 아들은 의외로 담담했다. 꽤 길었던 머리들이 바닥으로 눈물처럼 뚝뚝 떨어졌다.

　이발사는 위로하고 싶었는지, 무거운 분위기를 바꾸고 싶었는지 모를 애매한 화법으로 예전에 다녀간 어떤 젊은 여자 손님의 이야기를 꺼냈다.

"어떤 여자 손님이 머리를 깎으러 왔었지요. 남편은 아내의 깎여나가는 머리카락을 물끄러미 바라보면서 눈물을 흘렸어요. 아내의 아픈 마음을 배려한 남편도 함께 머리를 똑같이 깎아 달라고 하더군요."

듣기에 따라서는 감동적인 이야기였다. 하지만 마음의 평화를 찾는데 그다지 도움이 되지는 않았다.

어떤 젊은 여성이 역시 머리를 깎으러 왔는데 가족들을 잠시 밖에 나가 있으라고 하더니 자기를 붙잡고 더럭더럭 울더라는 가슴 아픈 이야기를 들으면서도 아들은 미동도 하지 않았다.

병실에서 수술을 앞두고 보내는 밤은 참으로 무거웠다. 어릴 적에 배가 아프다고 뒹구는 나를 자전거 뒤에 태우고 덜컥거리는 깜깜한 흙길을 달려 병원으로 가시던 아버지의 따뜻한 체온이 문득 떠올랐다. 까칠까칠한 아들의 깎은 머리에 손을 얹었다. 밤새도록 이거라도 해야 한다는 생각이 나를 붙잡고 놓아주지 않았다. 꿈을 꾼 듯 어지러운 상념들이 뒤엉킨 좁은 공간에서 꾸벅거리다가 다시 머리를 감싸고, 꾸벅거리다가 감싸기를 계속했다.

잠들지 못하는 밤은 참 길다는 생각이 문득 들었다. 이동식 침대로 수술실이 있는 4층으로 갔다.

"아무것도 아닐 거야. 기도하는 엄청 많은 손이 수술을 함께 할 거니까 걱정하지 마. 편하게 웃으면서 들어가거라!"

몸이 아픈 후부터 아들은 생각이 없는 사람처럼 무슨 말을 해도 고개를 끄덕였다. 온전히 순종하는 사람이 되어 있었다.

"아빠가 여기서 기다릴 테니까 수술 잘 받고 나와. 다 잘 될 거야."

아들은 결국 웃으면서 들어가지 못했다. 눈물이 주르르 뺨을 타고 흘러내렸다. 채 닦아 주지도 못했는데 야속한 침대는 수술실 쪽으로 너무 빨리 움직였다.

아들이 들어가자마자 아무 일도 없었다는 듯이 수술실 문이 무심하게 닫혔다. 지금부터 다섯 시간이나 여섯 시간을 기다려야 한다. 이럴 때는 무슨 일을 해야 하나? 코로나는 수술실 앞에서도 사람들이 함께 있는 것을 허락하지 않았다. 혼자라는 사실이 너무 외로웠다.

간단한 수술로 끝날 수 있기를 빌었다. 시간이 갈수록 초조함이 무게를 더해갔다. 악성만 아니었으면 좋겠다.

아무래도 수술실 앞은 너무 혼란스럽다. 수술실을 들어가는 사람도, 나오는 사람도 하나같이 초조하다. 안타까운 마음에 땀이 축축하다. 수술실 옆에 있는 기도실이 눈에 띄었다. 두어 평도 채 되지 않을 만큼 자그마한 기도실에는 십자가가 걸려 있고, 의자 몇 개가 조용히 앉아 있을 뿐이었다. 어느덧 내 기도는 수술이 잘 되기만을 바라는 방향으로 흘러가고 있었다.

그것도 내 기도의 마지막 종착역은 아니었다. 예수가 십자가에서 마지막으로 외쳤던, "내 뜻대로 마시고, 당신 뜻에 맡깁니다."라고 하는 말씀에 이르러서야 마음에 평화가 찾아 왔다.

"수술은 잘 되었습니다."

그걸로 됐다는 생각이 들었다. 그 무엇이어도 괜찮았다. 얼마나 많은 사람이 함께한 수술이었던가. 앞으로 그들이 함께 그 상처를 보듬어 갈 것이기 때문이다.

수술실 앞을 한참 동안 서성이고 있는데 드디어 아들이 나왔다.

"나 알아보겠어?"

눈을 부스스 뜨더니 "아빠!"하고 부른다. 지금까지 들어왔던 그어떤 '아빠' 소리보다 달콤했다. '살았구나!', 기쁨이 가슴 가득 밀려왔다.

4시쯤 되었을까, 아내의 다급한 목소리가 황토방 창호지를 뚫고 들어왔다. 아들이 다시 고통을 호소하는 모양이다. 어제까지만 해도 우리가 평소에 하던 대로 다스리면 되지 않을까 하는 생각이 강했다. 간밤에는 시내에 있는 병원에서 처방한 진통제까지 먹었다.

그래도 아프다고 머리를 틀어쥐고 앉아서 고통스러워하는 아들 앞에 마치 그동안 금기처럼 우리 무의식 가운데 꼬깃꼬깃 접어 두었던 생각이 슬그머니 고개를 들고 일어섰다.

머리! 아들이 스무 살 때였나 보다. 군대 가기 전에 건강 검진을 한번 해 보는 것도 괜찮다는 생각을 하면서 어지럼증을 빌미로 병원을 들렀다가 청천벽력 같은 진단을 받았던 적이 있었다. 머리에 작은 종양이 보인다는 것이었다.

큰 병원에 보름 정도 입원을 하면서 검사를 했지만 크게 염려하지 않아도 된다는 진단을 받았다.

하지만 늘 '머리' 이야기만 나오면 혹시 하는 마음에 가슴이 덜

컥 내려앉고는 했다.

'그게 도진 것일까?'

자꾸만 그때의 일이 주마등처럼 스쳐 지나갔다. 하지만 입 밖에 내서는 안 될 말이었다. 차를 몰아 새벽을 달리면서도 '제발!' 그것만 아니기를 바랐다.

병원 응급실에는 한 사람밖에 들어갈 수가 없다고 했다. 밖에 있으면 궁금해서 어쩔 줄 몰라 할 게 분명한 아내를 들여보냈다.

한참 동안 나는 휑한 병원 뒷마당을 서성거렸고 아내는 응급실 복도를 서성거리며 가슴을 태웠을 터였다.

아내는 울면서 진단을 들고 나왔고 그것은 그렇게도 아니기를 바랐던 바로 그 '머리'였다. 입원 즉시 수술이라고 하는, 가야 할, 하지만 무겁기 한량없는 일정이 뚜벅뚜벅 우리 앞으로 걸어오고 있었다.

병실은 바쁘게 흐르다가도 저녁이 되면 쥐 죽은 듯이 조용해진다. 환자는 환자대로 보호자는 보호자대로, 무겁든 가볍든 지고 있는 마음의 짐들이 다들 가볍지 않은 탓이다. 온전히 몸을 뉘어서 쉴 수 있는 시간을 놓치고 싶지 않은 모습들이 그대로 드러난다.

병실의 불을 끄고 휴게실로 나오면 가장 여유롭고 편안한 시간이다. 병원 생활 사나흘이 지난 후부터 화장실을 가는 것이 이 시간의 일상이 되었다. 그 시간이 오래 앉아 있어도 부담스럽지 않은 시간이기 때문이다. 하염없이 턱을 괴고 앉아서 굴뚝에 연기가 피어오르기를 보고 싶은 사람처럼 마냥 기다렸다. 일주일을 넘기고

서야 겨우 염소 흉내를 내면서 자그마한 소식이 있었지만, 다시 또 며칠 동안 아무런 소식이 없었다.

아무 일도 없다는 듯이, 아들과 오래간만에 많은 이야기를 나누는 유익한 시간이라며 마음은 괜찮다고 하면서도 몸은 그렇지 않았던 모양이다. 그러고 보면 몸이 훨씬 더 정직하다.

보름 동안의 그 많은 똥들은 다 어디로 갔을까? 뜬금없이 '똥줄이 탄다.'는 말도 병원에서 태어났구나 하는 생각을 했다.

3년쯤은 살겠다던 아이가 6개월을 채 못 넘기고 세상을 떠났을 때, 하늘이 무너진다는 표현으로도 부족했다. 사람들이 보고 싶지 않았다. 땅속에, 책 속에 파묻혀 세월을 보냈다. 내가 사람들을 만나는 것보다 사람들이 나를 보는 것이 더 힘들 수도 있겠다는 생각을 하게 된 것은 참 고마운 일이었다. 내가 사람들을 찾아 나섰다.

"저희가 오히려 위로를 받았습니다."

나 혼자서 일방적으로 이야기를 하면서 내 마음을 푸는 것이 바로 그들의 마음을 푸는 일이었다. 이들의 마음을 푸는 것이 바로 아들을 제대로 보내는 일이라는 역설적인 사고가 묘하게도 나를 참 편안하게 했다.

아들의 마지막 선물

아침에 따뜻한 손으로 꼬옥 잡아주시던 그 힘이 아직도 손끝에 남아 있다. 이불을 쌓아놓고 거기에 엎드려 가쁜 숨을 몰아쉬시던 숨소리가 아직도 귓전을 맴돈다.

"다녀오겠습니다."

엎드린 채 고개를 끄덕이시던 또렷한 의식의 흔적이 내 눈 속에 고스란히 남아 있는데, 다만 웅크렸던 몸을 곧게 펴고 누워 계신다고 해서 이 세상 사람이 아니라는 것을 믿기는 너무 억지스러웠다. 오히려 훨씬 편한 모습으로 세상을 받아들이는 모습이 자연스럽게 다가왔다. 가지런하게 놓인 팔, 곧게 펴진 허리, 어쩌면 웃고 있는 듯 편한 인상이 내 마음을 더욱 어지럽게 했다.

'혹시 잘못 판단한 것이 아닐까?'

조바심이 났다. 기어코 할머니 옆으로 다가가 아침에 잡았던 그 손을 꼬옥 잡았다. 섬뜩할 정도의 딱딱한 냉기가 온몸을 타고 전해져 왔다. '아, 이게 죽음이라는 거구나.' 나는 이렇게 내게 다가온

첫 죽음을 촉각으로 이해했다.

아버지도 할머니처럼 마지막에는 자리에 눕지를 못하셨다. 똑같이 이불을 포개놓고 거기에 엎드려 웅크린 채 운명하셨다. 아버지의 죽음을 보면서 포갠 이불 위에서 숨을 가쁘게 몰아쉬는 유전의 고리 위에 앉아 있는 내 모습을 상상하기도 했다.

"갔다가 다시 올게요."

큰집에 계시던 어머니는 꽤 여러 날 아무것도 드시지 못했다. 그날따라 손자 손녀들이 주는 미음을 몇 숟가락 받으시는 것을 보면서 조금 안도하는 마음으로 집을 나서는 길이었다. 아무런 대답이 없으셨다. 그때는 어머니의 그 침묵을 이해하지 못했다. 재차 드린 작별 인사에도 침묵하셨지만, 무심히 돌아섰다. 그 침묵이 바로 어머니의 죽음을 의미하는 것이었음을 몇 시간 후에서야 깨달았다. 이렇게 어머니의 죽음은 청각적인 이해로 다가왔다.

며칠 만에 본 아들은 엄청 수척해 있었다. 아무것도 먹지 못하고 오로지 수액에만 의지하는 상황이었으니 어쩌면 당연한지도 몰랐다. 알면서도 가슴이 아려왔다.

반응을 할 수 없는 아들 손을 잡고 몸살로 시작하여 쯔쯔가무시로 마무리한 며칠 동안의 내 일상을 마치 옛날 이야기하듯이 주저리주저리 풀어 놓았다. 온몸에 났던 반점 이야기도 하고, 이틀 동안 온몸을 달구었던 고열 이야기도 했다. 고향의 을씨년스러운 초겨울 풍경도 일일이 묘사해 주었다. 정원 금목서 옆에 비슷한 크기의 은목서를 심고, 네 이름을 딴 '환희나무'로 부르기로 했다는 이야기도 했다.

이어서 휠체어를 타고 산책을 하면서 자주 함께 부르던 노래를 틀었다.

"우리 같이 부르자!"

'괜찮아, 괜찮아, 지나간 일인 걸…… 괜찮아, 괜찮아 다만 묻고 싶어. 너에게도 나는 소중한 기억일까…….'

너에게 나는 어떤 기억으로 남아 있니? 소중하고, 따뜻하고, 고마운 기억일까? 감은 눈 사이로 마른 눈물이 얼비친다. 눈물을 닦아주고 병원문을 나섰다.

30분이 채 지나지 않아 다시 병원으로 돌아가야 했고, 아들은 아까 그 자리에 하얗게 누워 있었다. 넉 잠을 자고 난 누에처럼 그렇게 투명하고 하얀 아들의 수족을 보면서 나는 아들의 죽음을 시각적으로 받아들였다. 하얀 천장, 하얀 시트, 하얀 손과 발…….

하지만 아들의 죽음은 그렇게 객관적 판단으로 오롯이 받아들여질 만큼 가볍지 않았다. 마음 구석구석 어디에나 숨어 있다가 낡은 수도관처럼 언제 어디서 터질지 몰랐다. 시시때때로 터져 나오는 오열과 통곡은 내 마음대로 조절할 수 있는 의식의 범위를 훨씬 넘어서 있었다.

하염없이 쏘다녔다. 찬 바람을 맞으며 사고의 언저리를 벗어나는 것만이 살길이라는 생각이 들었다. 아무런 생각이 없는 사람으로 멍하니 바라보는 세상이야말로 그 어떤 근심 걱정도 없는 편안한 곳이었다.

그러다 문득 아들이 걸어 들어간 그 세상이 궁금해졌다. 허기진 사람처럼 죽음을 읽고 듣고 나누었다. 아들이 걸어 들어간 길을 따라서 들어가기라도 하려는 듯, 죽음의 입구와 그 본질을 찾아다녔다. 과학이 보는 죽음과 주술적인 죽음, 신앙적인 죽음, 근사체험을 통한 죽음까지 죽음의 모습들이 다양하게 제 나름의 모양으로 자리를 잡고 있었다. 하나같이 비슷한 결론으로 이어진다는 것이 편안하게 다가왔다.

죽음은 삶의 마지막 과정이었다. 역설적으로 삶은 죽음의 세상으로 들어가기 위한 출발점이라고 했다. 아름다운 삶은 결국 아름다운 죽음의 전제가 되고 있었다.

아름다운 죽음을 위하여 아름다운 삶이 필요하고, 그래서 결국 일상적인 삶으로 돌아와야 한다는 것을 이해하는 데 꽤 시간이 걸렸다. 그동안 살아온 다양한 나의 터전 위에서 울고 웃고 있는 이웃들이 바로 나의 온전하고 소중한 삶이라고 하는 것을 가슴으로 절절하게 받아들이게 된 것은 어쩌면 아들이 마지막으로 내게 남기고 간 아름다운 선물이 아닐까.

2부
계절의 숨결

봄

겨울이 녹으면 봄이 된다. 꽁꽁 얼었던 겨울의 틈새를 파고드는 바람의 덕이다. 틈이 아무리 적어도 기어코 파고들고야 마는 바람의 꼬리를 잡고 따라오는 봄의 기운은 늘 미쁘다. 반드시 오는, 오고야 마는 희망이 언제나 그 안에 따뜻하게 내재해 있기 때문이다.

봄의 핵심은 움직인다는 것이다. 꽁꽁 얼어붙었던 세상이 드디어 기지개를 켜고 일어선다. 물은 흐를 준비에 몰두하고, 바람은 불 채비에 분주하다. 각종 나뭇가지는 물의 흐름을 주시하며 바람의 방향을 가늠한다. 드디어 터져 나올 새로운 세상을 향한 암묵적 활동이 엄청 강력하다.

어느 한 곳이 터지면 봇물 터지듯이 여기저기서 터져 나오는 움직임의 끝이, 그 어느 계절보다 아름답다는 걸 아는 사람들은 유난히 봄을 좋아한다. 화려하게 피어나는 생명력을 보면 봄은 좋아하지 않을 수 없는 계절이다.

제일 먼저 얼굴을 내미는 꽃이 매화다. 눈 속에서 피는 꽃, 매화는 겨울이 채 끝나기도 전에 꽃망울을 터뜨릴 준비를 완벽하게 한 채 신호를 기다린다. 마치 출발선에 선 육상선수처럼 긴장한 눈망울이 또렷하다. 갈수록 파릇한 색을 띠는 청매화에 더 마음이 가는 것은 귀한 것에 대한 호기심일까? 청매화는 꽃받침이 푸른색이라 꽃이 푸른빛을 연하게 띤 흰색이어서 더욱더 청초하다.

봄을 알리는 화사한 꽃으로 산수유의 노란색 유혹을 물리치기는 쉽지 않다. 봄바람이라도 불라치면 자그마한 노랑나비처럼 팔랑팔랑 나는 듯 춤을 추는 산수유는 참 경쾌한 꽃이다. 바람 없는 흐린 날이면 꼭 하늘의 은하수를 떼어다 놓은 듯 별빛으로 영롱하다. 산수유는 친화력을 과시하며 사람들 곁에서 머물지만 비슷한 시기에 생강나무꽃은 산에서 그 영롱함을 드러낸다. 꽃잎의 노란색과 향기는 오히려 산수유보다 진하고 독립성이 강하다. 약간 드물게 피지만 또렷한 자기주장이 제대로 드러난다.

화단에서는 수선화가 기지개를 켜고 일어선다. 여려 보이지만 여리지 않은 줄기 끝에 별을 하나씩 달고 밤낮을 총명하게 밝힌다. 자기 색깔을 또렷하게 드러내면서 방그레 웃는 모습이 참 똑똑한 꽃으로 보이게 한다. 튤립, 히아신스, 아네모네 같은 꽃들이 그 뒤를 이어서 핀다.

오랫동안 우리 산천을 화려하게 지켜온 진달래는 볼수록 정겹다. 평소에는 없는 듯 숨어 있다가 봄이 되면 온갖 붉은 색을 총동원하여 산천을 물들인다. 마치 병정들처럼 화려하게 일어서서 자기들의 위엄을 제대로 드러내 보이고는 다시 본연의 겸손한 자세로 돌아간다. 아이들은 입술이 발갛도록 그 꽃을 먹으면서 어린 시절을 보냈고, 어른들은 찹쌀 전병 위에 꽃을 얹어 화전으로 먹었다.

같은 시기에 피는 개나리도 화려한 우리 꽃이다. 진한 노란색의 잔치가 화려하기 이를 데 없다. 가지를 꺾어서 꽂으면 바로 뿌리를 내리는 강한 생명력으로 사람들의 발길을 잡는다. 이어서 피는 화려한 벚꽃은 말할 것도 없고 살구꽃, 앵두꽃, 배꽃, 사과꽃도 매력 있는 꽃의 끝에 맛있는 과일을 단다.

봄은 다양한 빛깔로 화려하지만, 눈이 밝은 이들에게만 다가가는 낯가림이 있다. 세상에는 봄이 와도 보지 못하고 살아가는 사람들이 많다. 꽃이 피어도 꽃이 핀 줄을 모르고 살아가는 사람들이 많다. 눈이 있어도 보지 못하는 사람들에게 봄은 굳이 가슴을 열지 않는다.

봄은 겨울이 녹아야 온다. 겨울을 녹이지 못하는 마음에는 꽃이 피지 않는다. 꽃이 피지 않는 봄은 봄이 아니다.

얼마 전 시각장애 친구와 함께 찻집을 갔던 적이 있다.

"오, 벌써 꽃이 피었네."

"응, 무슨 말이야? 어디 꽃이 있어?"

자세히 보니 현관 화분에 자그마한 꽃이 앙증맞게 피어 있었다. 따뜻한 기운이 빨리 봄을 불러들인 모양이었다.

앞이 보이지 않는 친구의 후각이 눈을 뜨고 있는 나보다 더 빨리 꽃을 보고 있었다.

봄은 겨울이 녹은 마음에 가장 먼저 따뜻하게 다가선다. 겨울이 녹아야 꽃이 비로소 가슴을 열 수 있다는 것을 안다.

봄은 봄을 보고 싶은 사람을 알아본다. 그곳이 바로 봄이 제대로 꽃을 피울 수 있는 비옥한 땅이기 때문이다.

돌아온 일기장

　내 일기장이야. 슬며시 건네는 일기장에 온통 나의 일상이 오롯이 따라 넘어가는 듯 손이 떨렸을 것이다. 그동안 살아오면서 나 혼자만의 세상에 속해 있었던, 부끄러움은 물론, 기쁨과 슬픔, 고통의 느낌들이 적당히 뒤섞여 있는, 묘한 감정의 묶음을 선뜻 넘긴다는 것이 그리 쉬운 일은 아니었을 것이다.

　친구가 나의 일기장을 읽었는지 읽지 않았는지는 잘 모른다. 어떤 경우라 하더라도 그게 문제가 되는 것은 아니다. 충분한 신뢰가 바탕이 되지 않으면 쉽게 할 수 없는, 그것도 사춘기 예민한 시기를 오롯이 그에게 공개해도 괜찮을 만큼 믿음이 없으면 할 수 없었던 일이었지만 나는 과감하게 그 일을 감행했고 그 순간이 나의 사춘기 역사가 그의 손에서 47년 동안 잠을 자게 되는 시발점이 되었다는 것이 소중하다.

　50년 가까운 그의 궤적을 그리는 것마저도 만만치 않다. 서울에서도 몇 번 이사했고, 결혼 후 인천으로, 캐나다로, 미국으로, 미국에서도 다시 시애틀에서 하와이로, 하와이에서 다시 시애틀로 가는 동안 덜컹거릴 때마다 끙끙댔을 나의 사춘기를 앓는 소리가 들리는 듯하다. 친구가 나의 사춘기를 안고 다닌 것인지, 나의 일기장이 친구의 삶을 살피며 다닌 것인지 가늠하기 쉽지 않지만, 중요한 것은 둘이 함께 있었다는 사실이다.

어쩌면 친구마저도 그 존재를 잊고 있었을지도 모른다. 어느 날 문득 짐 정리를 하면서 나온 까마득한 옛날 친구의 일기장, 어쩌면 화석처럼 존재만으로 가치를 가지게 된, 누렇게 빛바랜 공책 한 권을 들고 얼마나 많은 생각들이 오갔을까? 반세기 가까운 세월을 훌쩍 넘어 동그마니 앉아 있는 철없는 이야기들 속을 들락거리면서 덧없이 흘러간 세월의 두께를 재보기도 하고 순수했던 모습들에 미소를 보태기도 했으리라.

우리는 중학 시절, '상해임시정부'라는 영화를 보면서 의기투합했다. 제목만 봐도 이미 내용이 짐작되는 영화였지만 우리에게는 아주 소중한 의미로 다가왔다. 중학교 3학년, 학생회장 선거 맞수로 한 차례 치열한 경쟁 상대였다는 사실마저도 까마득히 잊어버리게 할 만큼 상해임시정부 요원들은 강력하게 우리 삶 속을 파고들었다.

그때만 해도 그 작은 고을 문경에도 영화관이 있었다. 지금보다 상황은 열악하지만, 문화적인 혜택을 누릴 수 있는 바탕이 되어 있었던 셈이다. 우리는 아마 한 번 더 영화를 보러 갔던 것 같다. 영화에서 만난 감동에 대하여 끊임없이 이야기하면서 학교까지 걸어왔던 그 30분을 지금도 잊을 수가 없다.

그 후 한 개에 2원 하던 찐빵을 참 많이 먹었다. 만나서 이야기를 나눌 수 있는 곳으로 가장 괜찮았던 장소가 바로 찐빵집이었다. '상해임시정부'는 대화의 단골 메뉴가 되어 있었고, 찐빵을 먹는 동안 우리의 우정도 따뜻해져 갔다. 친구와의 관계가 고등학교까지 이어지면서 일기장까지 맡길 수 있는 우정으로 발전했다.

'나는 친구가 없다'는 문장이 늘 일기장의 첫머리를 장식하던 고등학교 시절, 유일하게 나를 떠받쳐 주던 친구가 바로 그 친구였다. 그 후 고등학교를 졸업하고, 군에 입대하고, 각자의 직업 속에서 허우적대면서 자주 만나지도 못하던 어느 날 문득 그 친구는 미국으로 떠났다. 만나지 않아도 생각만으로 위안이 될 수 있다는 것을 그 친구를 통하여 처음 알았다. 20년 가까이 만나지 못하면서 함께 찐빵을 먹어본 지도 참 오랜 시간이 흘렀지만, 그 친구는 늘 나의 그늘이 되어주고 위안이 되어주고 있다는 것이 참 신기하다.

어느 날 문득 문자가 날아와 내 일기장을 되돌려주겠다고 했다. 뜬금없이 무슨 일기장이냐고 하니 그냥 보면 알 거라고 했다. 며칠 후, 멀리 미국에서 이순의 나이를 훌쩍 넘기고서야 나의 손에 되돌아온 일기장을 받아 들고 한동안 꼼짝을 할 수가 없었다. 빛바랜 일기장 그 자체로 나의 끊어졌던 역사가 되살아난 듯 지나간 일들이 어제 일처럼 하나하나 또렷이 일어서고 있었기 때문이다.

건강성 앞에 무릎을 꿇다

늘어선 고춧대와 고춧대를 연결하는 이랑과 이랑 사이에 들어가 앉으면 터널 같은 서늘한 느낌이 온몸을 감싸 안는다. 따가운 햇빛의 시선을 피한 편안한 느낌에 몸을 맡기고 눈을 감는다. 한참을 그러고 있노라면 향긋한 고추 내음이 살포시 코끝을 간지럽히며 말을 건다.

무엇보다도 건강한 냄새, 고추밭에 앉으면 그 냄새가 어떤 것인가를 알게 된다. 온갖 병들의 시기와 질투를 물리치고 햇빛보다 강렬한 빛을 내뿜으며 꿋꿋하게 서 있는 고추가 보여주는 미소, 그 안에 담겨 있는 건강성이다.

침으로 찔러놓은 것 같은 얼룩이 생기고, 차츰 전체로 퍼지는 갈반병은 차라리 점잖은 병이다. 응애는 엽록소를 빨아먹어 잎에 흰 반점이 생기고, 꽃도 즙을 빨아 먹어 색깔을 변하게 하는 아주 독한 벌레다. 잎이나 줄기, 가지, 열매 등에 붙어 양분을 빨아먹는 깍지벌레, 민달팽이도 고추의 강력한 적이다. 적갈색, 암갈색의 작은 반점이 나타나다가 후에 검은 테두리 반점, 또는 갈색병반으로 커지는 반점병, 잎, 꽃, 줄기, 과실 침입 부위 주위 조직이 무너지면서 썩는 부패병도 있고, 이외에도 잿빛곰팡이병, 진딧물 등 헤아릴 수 없는 병과 해충이 있다. 이 모든 것을 다 합쳐놓은 듯한 위력을 발휘하는 것이 바로 탄저병이다. 한번 걸리면 순식간에 고추밭 전체를 새카맣게 망가뜨려 버린다.

고추밭에 앉아보면 고춧대마다 어느 병이든 하나씩 가지고 있다. 반점이 생기는 것은 그래도 나은 편이다. 고추 끝부터 말라 들어가는 모습을 보면 내 마음이 말라 들어가는 듯 아프다. 고추 전체가 물러서 툭툭 빠지는 모양도 안쓰럽기는 마찬가지다. 탄저병이 걸린 것처럼 보이는 고춧대는 보는 순간 가슴 가득 두려움을 몰고 온다.

"자질구레한 병들은 그냥 안고 사는 거야."

이웃이나 친구에게 이야기하듯 혼잣말로 중얼거리면 마치 무슨 말인지 알아듣는 듯 바알간 눈망울이 초롱초롱하다. 그런 다양한 시기와 질투 속에서도 꿋꿋하게 붉은 냄새를 풍기며 다가오는 건강한 고추들을 보면 마음이 환해진다.

매년 고추를 200포기 정도 심는다. 어김없이 찾아오는 무서운 손님, 탄저병이 올 때까지 따고 마는 것으로 작정하고, 일체 농약이나 비료를 쓰지 않는다. 밑거름으로 퇴비를 넉넉하게 할 뿐이다. 보통 두세 번을 따지만, 작황이 좋은 해는 꽤 여러 번 딴다.

날씨가 고추가 살아가기에 별로 나쁘지 않은 해는 부지런히 세 번을 따도 건강미가 넘치는 고추들이 싱싱한 냄새를 풍기며 말을 걸어오는 것을 보면 그렇다.

고추를 따면 물에다 두어 번 씻은 다음 비닐하우스로 간다. 얇게 널어서 미리 태양 앞에 선을 보인다. 태양보다 더 붉은 빛으로 반짝이다가 일정한 시간이 흐르면 수분이 빠지면서 탄탄한 근육들이 힘을 잃는다. 그 상태로 건조기에 들어가면 마르는 과정에서 검붉은 빛의 건강미를 품고 다시 태어난다.

붉은빛의 고추도 아름답지만 검붉게 마른 고추가 풍기는 건강미는 감동적이다. 여러 단계의 어려운 관문들을 뚫고 이루어 낸 마지막 결과물이기 때문에 더욱 그렇다.

이렇게 흘러가는 고추들의 세상이 우리가 사는 세상과 크게 다르지 않다는 생각을 자주 한다. 뜨거운 햇빛을 제대로 받고 이겨낸 고추들이 더욱더 붉은 것을 보아도 그렇고, 병들을 이겨내는 묵묵한 뚝심이 그렇다. 고추들보다 더 많은 병을 안고 살아가는 우리도 어쩌면 '자질구레한 병들은 그냥 안고 살아야' 할 것 같고, 어쩔 수 없는 상황에는 묵묵히 자연으로 돌아가야 할 것 같은 생각이 자연스럽게 들기 때문이다. 오늘도 나는 고추를 딴다. 병들지 않은 건강성 앞에 무릎을 꿇지만, 병든 고추들을 애도하는 마음도 아끼지 않는다. 앞으로 몇 번을 더 따게 될지 모르지만, 건강한 붉은 냄새가 말을 걸면 그 앞에 기꺼이 달려가 무릎을 꿇고 진지하게 그들의 이야기에 귀를 기울일 생각이다.

고구마 향기

지수네아들이장개를갔어얼마나좋운집으로갔는지어매입이함지
박만해진거있지며누리를잘딜인다는거는한세상을얻는일이잖아그
집은복도많아여복도준기네는이사를했는데집이그렇기훈훈하고좋
다네좋운집으로이사가서팔자　지아그런데안나씨는왜그러키삐딱
하게앉아서일을해여어대가아파여다리가아푸잖아똑바로앉으만다
리가지리여오른다리가아이구그러키핀핀찮아서우째여하매한참됐
는걸뭐이래살다가죽는기지뭐…….

고구마를 골라 담는 손길들이 바쁘다. 가장 굵은 것을 담는 상
자와 중간 정도 되는 굵기를 담는 상자, 흠이 있거나 아주 잔 고구
마를 담는 상자 두세 개씩을 차고앉아서 손을 부지런히 놀린다. 손
은 손대로 바쁘고, 입은 입대로 바쁘다. 대여섯 명이 둘러앉아서
고구마를 골라 담으면서 나누는 이야기들에는 경계가 없다.

자기 이야기에서부터 이웃 이야기로 넓어지고, 지역사회까지

진출한 다음에는 나랏일까지 확대된다. 그 이야기의 알맹이는 문제가 되지 않는다. 그냥 이야기가 이어지는 동안 손에도 일에도 신바람이 붙는다는 것이 중요하다. 때로는 무거웠던 마음을 털어내는 홀가분한 자리가 되기도 하고, 한없이 무거웠던 입을 여는 마술을 부리기도 한다.

영감님을 잃었을 때의 슬픔에 녹아드나 싶다가 아들을 일찍 보낸 이야기로 접어들면 금방 눈시울이 붉어지고, 잠시 주변이 숙연해진다. 넉살 좋은 아지매가 사랑 이야기로 말의 방향을 살짝 트는 순간 금방 하하호호 깔깔거리는 분위기가 되어 다시 활기를 찾는다.

열일곱, 열여덟 꽃다운 나이에 결혼한 사람이 있는가 하면 이웃의 눈치를 살피며 기가 죽어 살다가 서른이 다 되어서야 짝을 만난 사람도 있다. 평생을 큰 어려움 없이 살아온 사람이 있는가 하면 이런저런 고초를 겪으면서 어렵게 살아온 사람도 있다.

건강 이야기로 접어들면 아프지 않은 사람이 없다. 졸지에 동병상련의 충만한 동지 의식이 발동한다. 의사보다 더 많은 처방전을 나누는 모습들이 우습기도 하고 측은하기도 하다.

남의 이야기보다 더 재미있는 이야기는 없다. 서로가 아는 이웃들이 그 자리로 소환되고 그들의 희노애락(喜怒哀樂)을 공유한다. 알고 있던 이야기는 정보가 보태지면서 더 단단해지고 모르던 이야기를 들으며 이웃들에게 더 가까이 다가간다.

종교 이야기도 힘이 있다. 각자 살아온 길 위에 널려 있던 작은 돌 큰 돌들을 치우는 데는 무엇이든 더 큰 힘이 필요했을 것이다.

기도에서부터 기적까지 숱한 체험들이 얽히고설킨다. 정치 이야기는 아무래도 조심스럽다. 사람마다 입장이 조금씩 달라 다툼으로 번질 우려가 있다는 것을 느낌으로 읽어낸다. 강한 성향을 지닌 어떤 사람이 슬그머니 이야기를 꺼내 들어도 가볍게 넘어갈 때가 많다.

고구마 수만큼 다양한 생각과 사연들을 안고 있는 사람들의 이야기는 그칠 줄을 모른다. 삶의 고락이 고구마와 뒤섞여서 고구마보다 더 진한 맛을 내기도 하고 먼지를 털어내듯 마음에서 털어내기도 한다. 이야기의 힘은 허름하다고 생각했던 존재와 고구마를 고르는 소박한 행위가 자기도 모르게 팽창하면서 부풀어 오르게 한다. 그 부피만큼 긍정의 에너지가 그 공간을 가득 채우면 사람들의 마음도 넉넉해지고 환해진다.

처음에는 돕는다는 의미가 강하여 조금은 가볍지 않은 발걸음으로 다가서지만, 막상 함께 일을 하다 보면 일이 아니라 놀이처럼 가벼워져서 즐겁다. 함께 간식을 나누고, 이야기를 나누고, 수수하고 소박한 분위기에서 먹는 점심, '들밥'의 매력과 분위기까지 곁들이다 보면 자기도 모르는 사이에 함께 한다는 것이 주는 기쁨에 풍요롭게 젖어 들게 된다.

들일은 여럿이 함께할수록 나누는 힘이 강해지는 묘한 힘이 있다. 혼자 일을 하면 한 사람 몫밖에 할 수가 없지만 둘이 하면 세 사람 정도의 몫을 거든히 해낸다. 사람이 늘어날수록 일의 속도는 빨라지고 몸은 가벼워진다. 노동의 즐거움을 온몸으로 체험하는 마당이 된다.

200상자 분량의 일이 100상자로 줄어들고, 다시 그것이 50상자쯤으로 줄어드는 것을 눈으로 확인하는 일은 말로 다 하지 못하는 기쁨을 가져온다. 눈으로 확인할 수 있는 일이야말로 그래서 신명이 배가 된다.

어릴 때 모를 심거나 밭을 매는 일을 해보면 그렇다. 모가 심긴 논을 보고 있노라면 흐뭇한 미소가 가슴 가득 밀려온다. 한두 시간 만에 쭉쭉 줄어드는 밭의 이랑들을 보면서 우리에게 주어진 시간의 힘을 절감한다.

"와! 엄마, 하매 저렇기 많이 맸어!"

하시던 일손을 멈추고 '논 표시는 없어도 일한 표시는 난다.'고 하시던 어머니의 조용한 말씀이 미소처럼 떠오른다.

돈농사

나는 텃밭 농사를 짓는다. 갖가지 농사를 지으면서 빠르고 다양한 모습을 보여주며 크는 작물들의 모양에 자주 놀란다.

까만 눈망울처럼, 혹은 구슬처럼 동그랗게 꽃 떨어진 자리에서 볼록하게 솟아나는 가지는 하루 이틀 새에 기다랗게 자라서 보랏빛 고운 자태를 자랑한다. 오이는 더욱 빠르다. 크는 속도가 아침 다르고 저녁이 다르다. 마치 기계로 뽑아내는 가래떡처럼 빠르게 자란다. 왜 이렇게 익지 않을까 조바심을 내는 사이 부끄러운 듯 두어 개 얼굴을 내민 토마토는 지금부터 감당할 수 없을 만큼 빠르게 발그레한 얼굴들을 내밀고 손을 흔들 것이다.

오래간만에 수박, 참외도 두어 포기 심었다. 줄기를 쭉쭉 뻗으면서 나가다가 어느덧 수박, 참외가 열매를 맺어서 굵어 가는, 신기한 성장 앞에 눈을 뗄 수가 없다.

고추는 따고 말리는 작업이 만만치 않아서 200포기만 심었는데, 아내의 욕심에 100포기를 더 사다 심었다. 쭉쭉 뻗어 올라오는 속도감에 가만히 앉아 있을 수가 없다. 말뚝을 박고 비바람에도 견딜 수 있도록 줄을 매어 주었다.

그 옆에 고추를 닮은 피망과 파프리카도 처음으로 몇 포기 심었다. 피망이 어떤 모양으로 열리는지, 파프리카가 어떤 색깔로 그 모양을 드러낼지 자못 궁금하다.

호박의 종류도 많아서 크고 넓적한 늙은 호박을 기대하면서 심는 맷돌호박도 있고, 마디마다 호박이 열려서 반찬으로 해서 먹기 좋다는 마디호박도 있다. 아침에 쪄서 먹기에 좋은 단호박도 몇 포기 심었다.

그 밖에도 옥수수, 더덕, 도라지, 양배추, 상추, 겨자채, 열무, 고구마 등 많은 작물 가족들이 밭에 옹기종기 모여 살고 있다.

내가 유독 좋아하는 것은 완두콩, 강낭콩이다. 3월 중순이면 심어야 하는데, 올해는 조금 늦었다. 포트에 상토를 채우고 콩을 두 알씩 넣는다. 열흘 정도 습도를 맞추어 주면서 기다리면 싹을 틔우고, 쑥쑥 자라는 것이 눈에 보인다. 일정 정도 자라고 나면 밭으로 옮겨심기를 한다.

미리 장만해둔 이랑에 구멍을 뚫고 모종을 심으면서 나는 이미 다 익은 완두콩, 강낭콩을 생각한다. 밥을 지을 때 그 위에다 한 줌씩 올려서 먹는 그 맛은 유월에 맛볼 수 있는 가장 아름다운 맛이기 때문이다.

어릴 때 엄마는 강낭콩을 유월콩이라고 했다. 유월이면 거두어들인다는 의미였을 것이다. 거두어들이는 일이 생각보다 그렇게 가볍지는 않다. 익어가는 꼬투리를 골라서 하나하나 따는 것이 수

확량도 수확량이려니와 그들에 대한 예의일 것이다. 그러기에는 손이 너무 많이 간다. 보통 거의 익었다고 판단이 될 때 포기째 뽑아서 꼬투리를 딴다.

나는 이 순간을 즐긴다. 그늘에 앉아서 하나하나 꼬투리를 따는 일은 인내심을 요구하는 일이지만 작은 산처럼 쌓여가는 꼬투리들이 마치 희망처럼 가슴을 부풀게 한다.

이것보다 더 좋아하는 일은 꼬투리를 까는 일이다. 꼬투리를 까고 그 안에서 나오는 다양한 색깔과 모양의 콩을 만나는 순간, 기쁨이 봄바람처럼 몰려온다. 아기 피부 같은 속살을 드러내면서 방그레 웃는 모습을 보면 손을 놓을 수가 없다. 시간 가는 줄도 모르고 하염없이 콩을 깔 정도로 행복감에 잠기게 한다. 게다가 좋은 사람과 두런두런 이야기라도 나누면서 함께 하는 풍경은 상상만으로도 행복하다.

"하지만 돈이 되지 않아요."

농사가 주는 다양한 즐거움을 이야기하면 대뜸 양철에 반사되어 나오는 따가운 햇빛처럼 되돌아 나오는 말이다. 돈이 되지 않으면 행복하지 않은 세상이 되었다. 돈농사를 짓기 위하여 얕은 생각들을 하면서부터 농사가 점점 가벼워지고 있다. 사람이 밀려나고, 그 자리를 돈이 채우는 자리는 미리 거두지 못하여 썩어가는 강낭콩처럼 고약하다.

돈이 열리는 작물을 상상한다. 사람들이 돈이 열리는 작물만 심는 그때가 바로 세상 종말의 순간이 되지 않을까? 보잘것없는 강낭콩이더라도 그것은 생명의 울타리 안에 있지만, 돈은 생명을 죽이는 역할을 더 많이 하고 있지 않은가.

돈이 난무하는 세상이 농사마저 돈으로만 보게 한다. 생명이 되는 농사보다 돈이 되는 농사가 들판을 뒤덮어 가는 것이 눈에 보인다.

강낭콩을 까다 보면 썩어가면서도 싹을 틔우려고 꿈틀거리는 힘을 만난다. 그게 바로 생명의 힘이라는 생각을 하면서 내 마음도 따라서 꿈틀거린다.

모니까 아지매

10년 넘게 400평 남짓한 밭을 부치면서 살았다. 봄에는 감자, 고추, 참깨, 고구마, 야콘, 완두콩 따위를 심고, 여름에는 들깨, 김장배추, 무 등을 심는다. 사이사이에 수수도 심고 해바라기도 심고, 녹두, 강낭콩, 파도 심고 가을걷이가 끝난 다음에는 마지막으로 마늘과 양파를 심는다. 어떤 해는 한 해에 심은 것이 스무 종류가 넘을 때도 있었다.

학교에 근무하면서 그 정도의 밭을 관리하는 것은 무리일 수도 있었다. 주말에 주로 나는 시간을 쪼개서 밭을 갈고 풀을 뽑고, 거름을 주는 일이 만만치가 않았기 때문이다. 풀을 관리하는 일이 어려워서 할 수 없이 비닐을 씌워 작물을 심을 수밖에 없는데, 비닐을 씌우고 고정하는 일도 사실은 또 하나의 일이었다.

언제부턴가 이런 나의 무리한 밭일 일정 속에 모니까 아지매가 슬며시 스며들었다. 농사일을 처음 해보는 내가 혼자 하기에 어려운 면적임에도 불구하고 처음에는 비닐까지 씌우지 않고 농사를 지어보겠다고 욕심을 부린 적이 있었다. 들깨를 300평쯤 심었는데, 하루가 다르게 올라오는 풀을 감당할 수가 없었다. 모니까 아지매의 힘이 필요하다는 것을 절감하고 있었다.

토요일, 일요일을 모니까 아지매와 함께 풀을 매는 일에 투자했다. 모니까 아지매가 도저히 안 되겠다고 생각을 했는지 옆집 아지매를 한 분 더 모시고 와서야 일요일까지 들깨밭을 다 맬 수 있었다. 들깨밭은 그나마 한 번만 제대로 매 놓으면 들깨가 부쩍부쩍 커서 더 이상 풀이 자라지 않아서 다행이다.

"우리 아들은 참 잘 생겼어요. 울매나 착하고 이쁜데……. 큰 회사에 댕기는데 한 달에 봉급이 울매나 많은지 몰라요."

하루 밭을 매면서 적어도 이 말을 열 번 정도는 들어야 한다. 이 잘생긴 아들은 아지매가 기운 있게 살게 해 준 든든한 이유가 되고 있었다. 가끔 며느리는 오지 않고 아들만 드문드문 다녀가는 것이 조금 섭섭한 내색을 보이긴 하지만 잘생긴 아들 앞에서 그것은 아무 문제가 되지 않았다.

기분이 조금 우울한 날은 이야기가 조금 달라진다.

"우리 영감은 술 먹고 오토바이 타고 집에 오다가 다리에 떨어져서 죽었어요. 빚을 울매나 지와 놓고 갔는지 그 빚 갚니라고 죽을 뿐 했어요. 인제 빚도 없고 한께 한 푼 한 푼 모다가지고 늙어서 살 준비나 해야지요."

이것 역시 아지매가 살아가야 할 이유를 제공하는 중요한 이야기였다. 어떻게든 '남한테 못 할 짓'은 안 하고 살아가야 한다는 게 아지매의 철석같은 지론이었다. 그 많은 빚을 다 갚고 아들에게 기델 생각 없이 돈을 한 푼 한 푼 모으고 있는 아지매는 자기의 노후를 준비하고 있는 것이었다.

든든한 아들, 술이나 먹고 도박이나 하다가 개죽음을 당한 남편에 대한 원망, 하지만 그 어려움을 다 극복하고 남에게 못 할 짓은 하지 않고 살았다는 자부심, 그게 모니까 아지매를 이 세상에 살게 하는 아주 단순하지만 단단한 이유였다. 하나가 더 있다면 농사를 짓는 데 필요한 몇몇 가지 내가 알고 있지 못한 기술들을 알고 있다는 것이었다.

"비니루를 깔 때는 요개를 폭 떠서 요개다 나야대요. 안 그래만 바람이 불만 날라가요."

소중한 농사 기술이었다. 삽의 폭만큼 띄워나가면서 비닐 밑에 있는 흙을 삽으로 떠서 그 자리에 다시 놓게 되면 톱니바퀴 효과가 있어서 바람에도 날려가지 않는다. 사실 나는 그것을 모르고 있었다. 비닐 전체를 씌우는 것이 가장 단단하다고 생각하면서 땀을 뻘뻘 흘렸는데, 그것보다 힘도 덜 들면서 훨씬 바람에는 강한 게 바로 아지매가 가르쳐 주는 방법이었다. 마늘을 심는 방법도 풀을 뽑는 방법도 나보다는 한 수 위였다. 내가 모르는 것을 가르쳐주시면서 히죽이 웃는 아지매는 참 행복해 보였다.

들깨밭을 매준 게 인연이 되어 종종 밭일이 바쁠 때면 아지매를 불렀다. 열 일을 제쳐놓고 와서 우리 일을 도와주셨다. 안 되겠다 싶어서 마늘밭을 조금 떼어서 아지매가 부치는 게 어떠냐고 제안을 했다. 기꺼이 그렇게 하겠다고 하면서 좋아하셨다.

마늘은 심는다고 하지 않고 놓는다고 한다. 밭을 금방 갈아서 부드러운 흙에 심는 것이어서 아주 쉽게 쑥쑥 들어가기 때문에 심는다는 말보다는 놓는다는 말이 더 낫다고 했는지 모르겠다.

마늘을 놓는 비닐은 구멍이 뚫려 있다. 보통 열 구멍이 뚫려 있어서 거기에 맞추어 망을 짓고 그 위에 비닐을 깐 다음 마늘을 놓는다. 아지매와 양쪽에서 함께 마늘을 놓는데 내가 손을 아무리 빨리 놀려도 아지매 손놀림을 따라가지 못한다. 내가 다섯 구멍을 책임지고 아지매가 다섯 구멍을 책임지면 되는데 내가 네 개밖에 못 놓을 때가 훨씬 많다.

다 놓고 나면 흙을 삽으로 떠서 비닐 위에 훌훌 흩는다. 풀이 덜 나도록 방비를 하는 것이다. 그 위에 다시 흰 비닐을 한 번 더 덮으면 따뜻해서 마늘이 잘 자란다. 2월이 되면 추위 때문에 드문드문 솟긴 마늘을 다시 땅속으로 밀어 넣고 서너 차례 정도 웃거름을 하고 나서 유월까지 기다린다. 물론 드문드문 비닐을 비집고 나오는 풀을 뽑으면서 기다리면 마늘이 굵고 길게 자란다. 오월 중순이나 말이 되면 마늘종이 가운데 나오기 시작하고 보통 그 마늘종을 뽑아 주어야 마늘이 굵어진다고 하여 뽑아낸다. 드문드문 풀을 뽑는 일이나 마늘종을 뽑는 일에도 아지매는 늘 부지런하다. 내가 밭에 나가보면 이미 다 뽑아 놓았을 때가 더 많다. 유월, 하지를 전후하여 마늘을 뽑아서 한 접씩 묶어 그늘에 말린다.

늘 아지매가 씨 마늘을 쪼개고 나는 밭을 갈았다. 비닐을 씌우고 마늘을 놓았다. 마늘을 놓으면서 쌀이 떨어졌다고 했다. 처음 있는 일이었다. 교통수단이 없는 아지매가 내가 좀 사다 주면 좋겠다는 의사표시를 한 것이었지만 지금까지 한 번도 쌀이 떨어진 적은 없었던 일이어서 가슴이 서늘해 왔다.

"집에 제가 빻아놓은 쌀이 있어요. 갖다 드릴게요. 쌀은 품삯으로 드리는 겁니다."

"아이라요. 지가 쌀값은 디리야지요."

밭에서 돌아오는 길에 집에 들러서 쌀을 실어다 드렸다. 잠시 후, 부랴부랴 와서 쌀값을 거실에다 던져 놓고 가셨다. 품삯이라고 했는데도 남에게 신세를 지고는 살지 않겠다는 자존심이 아지매를 가만히 앉아 있게 하지 못하는 모양이었다. 허겁지겁 달려가서 다시 돌려드리긴 했는데, 돌려드리는 게 쉽지 않았다.

그게 아지매를 본 마지막 모습이었다. 며칠 후, 주일미사를 보고 마을 회관에서 저녁까지 챙겨 먹은 후 밤에 심장마비로 세상을 떠나셨다. 단순하게 살아오신 것처럼 단순한 죽음을 선택하셨다.

지금도 마늘을 놓을 때나, 캘 때면 아지매 손이 생각이 난다.

일상성의 횡포

아침에 일어나면 세수를 한다. 마음에 드는 옷을 골라 입고 거울 앞에 선다. 흐트러진 모습, 비뚤어진 마음을 살핀다. 밥을 챙겨 먹는다. 나와 내 가족이 먹고살기 위한 일을 한다. 저녁이 되면 잔다.

이 모든 일은 우리의 일상성 안에서 떼어버릴 수 없는 것들로 내 생활에, 내 삶에 대롱대롱 매달려 있다. 잠을 자는 일은 말할 것도 없고, 먹는 일은 나의 생존이 걸려 있는 문제여서 떼려고 해도 뗄 수 없을 만큼 꽁꽁 묶여 있다.

식사 시간이면 어김없이 밥을 먹는다. 밥을 먹기 위해서는 누군가가 먹을 수 있도록 준비해야 한다. 대부분 아내의 구슬땀으로 먹거리가 준비되고 다른 식구들은 보통 그 구슬땀을 먹는다.

어느 한 사람에게 추의 무게가 쏠릴 수밖에 없는 일상성은 그 사람의 삶을 무겁게 한다. '왜 나만 밥을 해야 해?', '왜 나만 빨래를 해야 돼?', '왜 나만 청소하는 거야?' 짜증이 나면서 자기만의 굴레로 느낀다. 가족의 의미를 다시 생각하게 하고, 결혼의 이유를 되새김질하게 한다. 무거운 일상성에서 돋아나는 가시들이다.

아내는 친구들과 만나는 자리에서 "우리 남편은 부엌일에는 손도 까딱하지 않아!"하고 이야기한다.

몇 번의 설거지는 매일 하는 자기의 일에 비하면 아무것도 하지 않은 것이 된다. 그것이 아무리 보잘것없었다 할지라도 여러 사람 앞에서 짓밟히는 순간, 발열이 시작된다.

"빨래를 한번 한 적이 있나, 널어 준 적이 있나……."

몇 번 빨래를 넌 기억이나 자주 개어서 정리했던 일이 아내의 기억 안에서 흔적도 없이 빠져나가는 순간, 재채기가 시작된다.

"청소라도 좀 하면 좀 좋아?"

'그러면 지금까지 내가 한 청소는 뭐지?' 하는 생각이 머리를 무겁게 누르기 시작하면 기침이 잦아진다.

일상성은 유난히 변덕스러울 때가 많다. 열이 나거나, 재채기가 나거나, 혹은 기침, 가래가 겹치는 다양한 모습의 감기처럼 다가온다. 어떤 마음으로 받아들이느냐에 따라서 작은 일이 기쁘게 이어지기도 하고, 큰일이 하잘것없는 것이 되기도 하기 때문이다.

"우리 남편이 오늘 설거지를 해 줬어. 얼마나 자상한지 몰라. 너무 좋아!" 따위의 작은 일도 기뻐하는 마음으로 발설하는 순간, 큰 행복으로 발전할 가능성이 커진다. 어쩌면 상황이 되는 한 남편은 설거지를 도맡아 할 마음의 준비를 할지도 모른다.

"우리 남편이 오늘 밥을 다 했다. 반찬도 잘하더라고. 그런데 평생 처음이자 마지막이겠지. 그 인간이 무슨 변덕이 나서 그랬는지 모르겠어."

그게 정말 평생 마지막이 될 수 있을지도 모른다. 어떤 마음으로 어떻게 받아들이는가에 따라서 변수가 너무 크다. 늘 감기로 발전할 가능성을 다양한 모습으로 가지고 있는 일상성은 늘 그 자리에서 그 부피, 그 무게를 지니고 앉아 있기 때문이다.

반면 태풍처럼 후딱 지나가는 일 앞뒤에는 대부분 꽃다발이 놓인다. 내용과 관계없이 그 안에 들어있는 의미나 노고만으로 사람들은 꽃다발을 전하고 싶어 한다. '행사'라고 이름을 붙이는 대부분의 일은 꽤 많은 물질적, 물리적인 힘과 더불어 새로운 아이디어가 참신하게 따라붙는다.

그러다 보니 사람들은 새로운 변화로 다가오는 일을 놓치지 않으려고 한다. 변화 없이 흘러가는 일상에 일정 부분 싫증이 난 가슴을 촉촉하게 적셔주는 청량제가 될 수도 있기 때문이다. 하지만 그 일은 일상성의 노고를 깡그리 밟아버리는 경우가 종종 있어서 심한 감기 증상을 유발할 수 있는 조건을 넉넉하게 갖추고 있다. 명절 문화, 결혼이나 상례, 여행이나 생일 등의 가족 행사가 그렇다.

꽤 젊은 시절의 이야기다. 아내의 생일을 축하해 주겠다고 큰마음을 먹고 꽃집으로 갔다. 당시로써는 꽤 비싼 가격이었던 3만 원을 지불하고 두툼한 꽃다발을 배달해 달라고 부탁했다. 생전 처음 하는 일이라 두근거리는 가슴으로 아내의 반응을 기다렸다.

아무리 기다려도 반응이 없었다. 저녁을 먹고 아내의 눈치를 살폈지만, 오히려 훨씬 더 냉랭해져 있었다.

"저…, 꽃다발 혹시 못 받았어?"

꽃다발은 무슨 꽃다발이냐고 된통 모진 소리만 돌아왔다. 어색한 분위기를 모면하기 위하여 얼렁뚱땅 둘러댄 거짓말쟁이가 되어가고 있었다. 당장 꽃집으로 전화했다. 미안하다는 사과를 듣고 나서야 마음이 조금 풀리는 모양이었다. 웃지 못할 사건이었다. 그 후 내 손으로 직접 미역국을 끓여주는 것으로 방법을 바꾸었다. 일상성의 한 부분으로 들어감으로써 감기 증상이 올 수 있는 길을 사전에 차단해 버린 셈이다.

명절 후 이혼이 늘어난다는 통계가 남의 일 같지 않다. 가족 행사 후에 일어나는 불협화음들도 대부분 그 안에 잠재되어 있던 강한 바이러스를 슬기롭게 이기지 못한 데서 오는 감기 증상일 수 있다.

서서히 가정의 일상성 안으로 흘러들어오고 있는 변화가 일상성을 깨뜨리고 있다. 외식 문화가 그렇고, 세탁소, 혹은 빨래방 문화, 로봇청소기 따위로 대체되는 청소 문화가 이제 더 이상 일상성이 아닌 시대로 걸어 들어가게 하고 있다. 누구든 일방적으로 짊어져야 할 가능성을 배제하는 모습으로 나아가고 있다는 것은 고무적인 일이다.

나는 전쟁 후 불어닥친 베이비붐 세대의 머리를 구성하고 살아왔다. 아마 이 세대가 일상성의 횡포 앞에서 꽤 호된 감기몸살을 앓은 세대였을 것이다. 아내의 눈치를 보면서 부엌에 들어갔다가 엄마의 꾸지람을 들으면서 행주를 엄마에게 건네야 하는 일을 눈

칫밥처럼 이어갈 수밖에 없었던 안쓰러운 세대였다.

아버지, 형님 세대는 부엌에 들어가지 않아도 당당하게 먹을 수 있는 세대였다. 일상성의 굴레는 당연히 아내들의 몫이었고, 그 문제에 이의를 다는 사람들이 없었다.

자식들의 세대는 당당하게 부엌을 나눈다. 남자든 여자든 잘하는 사람이 하는 것으로 바뀌거나 나누어서 한다. 심지어 집안의 일상성을 밖으로 끌어내려고 하고 있다.

해도 별로 인정받지 못하고, 안 하면 엄청난 비난 속에서 살아야 했던 내 삶의 궤적을 둘러 보면 일상성의 횡포가 가져온 찬 바람 때문에 앓아야 했던 감기몸살의 흔적이 꽤 여러 군데 흉터처럼 남아 있다. 지금이라도 요리를 배워야 할까. 아내의 요리와 다른 새로운 요리를 차려 놓고 환하게 웃으면서 앞치마를 입은 채 식사하는 꿈을 꾼다.

꽃처럼 피었다 지고

　아내는 글라디올러스를 좋아한다. 글라디올러스는 각양각색의 꽃으로 피지만 대부분 원색의 강렬한 빛으로 눈이 부시다. 붉은색이 특히 두드러지고, 분홍색, 노란색, 보라색, 녹색, 흰색 등이 어우러지면 환하게 빛이 난다.

　밑에서부터 피기 시작하여 위로 올라가면서 마디마디마다 피어나는 꽃은 제법 오랫동안 피어 있기도 하고 그 화려한 자태로 인하여 지나가는 이들의 눈길을 끈다. 아내는 꽃이 피기 시작하면 눈에 잘 띄지 않는 곳에 숨어 핀 꽃을 잘라서 성전을 꾸미는 용도로 쓰거나 꽃을 좋아하는 지인들에게 선물한다면서 들고 나선다.

　글라디올러스는 땅속에서 겨울을 나기에는 얼뜬 구석을 가지고 있다. 늦가을이면 뿌리를 캐서 상자에 넣어 두어야 한다. 겨울 동안 상자 속에서 잠을 자다가 봄이면 기지개를 켜면서 화단으로 나온다.

　처음에는 줄을 맞추어서 심었다. 다른 꽃보다 뿌리는 얕은 편인데 키는 큰 편이어서 조금만 땅이 물러져도 비스듬히 눕기를 좋아한다. 넘어진 다음 버팀목을 세우면 이미 상처를 입은 글라디올러스가 회복하기가 쉽지 않다. 미리 북을 주고 버팀목을 세워서 아래에서부터 흔들리지 않게 묶어주는 것이 중요하다.

올해도 4월 초에 글라디올러스 구근을 화단에 심었다. 열흘 남짓 지나면 싹이 뾰족이 고개를 내민다. 5월 말이나 6월 초가 되면 차례차례 화려한 꽃을 피우게 될 것이다.

봄이 되면 글라디올러스를 비롯한 많은 꽃이 핀다. 제일 먼저 피는 꽃이 매화다. 이어서 산수유, 진달래, 개나리, 복사꽃, 살구꽃, 벚꽃, 배꽃, 사과꽃, 조팝나무, 수선화, 튤립 같은 꽃들이 화려하게 기지개를 켠다.

봄은 꽃만 피는 계절이 아니라 사람도 새로 피어난다. 겨우내 웅크렸던 얼굴에 화색이 돌고 팔에는 힘이 솟는다. 막 일어서고 싶어지고, 걷고 싶어지고, 자그마한 변화만 보아도 웃음을 참지 못한다. 산으로 들로 나가 봄나물을 뜯어서 데치고, 삶고, 부쳐서 함께 나누다 보면 어느새 겨울은 저만치 물러가고 봄이 집안을 가득 채운다. 사람들도 이렇게 봄이 되면 꽃처럼 새로 핀다.

장모님이 아흔넷까지 혼자 스스로 사시다가 이듬해 큰아들 집으로 오셨다. 겨울이면 금방이라도 돌아가실 듯 열이 나고, 기침이 잦고, 가래가 끓었다. 하지만 봄이 오고 소쩍새가 울면 언제 그랬느냐는 듯이 웃으면서 호미를 잡으셨다. 마당에 풀을 뽑고 밭을 매다 보면 팔다리에는 생기가 솟고, 얼굴에는 봄기운이 돌았다. 그렇게 백 세 해를 사시다가 돌아가셨다.

사람들도 꽃처럼 피고 지기를 반복한다. 반드시 계절에 맞추어서 피고 지는 게 아니라 하더라도 준비하는 시기가 있고, 화려하게 피는 시기가 있다. 시드는 시기가 있지만, 다시 생기를 찾는 시기가 있다. 가장 예쁜 시기는 누가 뭐라 해도 어린 시절이다. 그 누구도 부정할 수 없는 생명이 넘치면서 넉넉한 기운으로 활짝 피어난다. 싱그러운 생명력이 충만한 계절이다.

아름답지 않은 신랑 신부가 없듯이 결혼을 전후하여 외적 화려함을 맘껏 뽐내며 활짝 피어난다. 아이를 낳고 기르는 수고 속에서 잠시 주춤거리지만 거기서 오는 다양한 경험이 내적 충만을 통하여 피어남으로써 젊은 시절보다 무게감을 지니고 화려하게 꽃피는 계절로 들어간다.

노년의 아름다움은 여유로움에서 온다. 급하게 살아온 세월의 무게를 다 내려놓고 홀가분하게 '나'를 살 수 있는 아름다운 시기다. 어떤 사람은 진달래처럼 소박하지만 단아한 삶을 살고, 어떤 사람은 글라디올러스의 원색처럼 화려한 삶을 살았을지도 모른다. 어쩌면 제비꽃처럼 사람들의 눈에 잘 띄지도 않을 만큼 소박하게 살아온 사람도 있다. 하지만 노년의 삶은 이 모든 것을 녹여버린다. 똑같은 무게로 사람들이 자신만의 삶을 마무리할 수 있도록 이끈다. 다만 어떤 상황도 기꺼이 받아들일 수 있는 여유로움이 소중하다.

살수록 오래 사는 삶보다 어떤 삶으로 마무리하는가가 더 의미 있게 다가온다. 시들어서 죽는 사람이 있다. 활짝 꽃피어서 죽는 사람이 있다. 아니, 죽음이 가장 의미 있는 꽃이 될 수 있다면 죽어도 죽지 않는 가장 아름다운 삶이 될 수 있지 않을까.

올해도 우리 화단에는 글라디올러스가 화려하게 꽃을 피울 것이다. 그 향기와 색깔 속에 나의 삶도 함께 섞여서 여유롭게 뒹굴었으면 좋겠다고 생각한다.

바이러스

피터 메더워의 '한 개의 단백질로 둘러싸인 나쁜 소식'은 눈에 보이지 않는다. 냄새도 없다. 맛도 없다. 그냥 나쁜 소식으로 우리의 공간 속에 조용히 머문다. 함께 머무는지도 모르다가 새싹이 올라오듯이, 꽃이 피어나듯이 열기로 피어오르기도 하고 통증으로 슬그머니 모습을 드러내면 그때야 부랴부랴 아는 체를 한다.

살다 보면 보고 싶어도 보이지 않는 것이 더 많다. 눈으로 보지 못하는 것에 대한 궁금증이나 두려움은 늘 배가 된다. 성능 좋은 현미경으로 그 모양을 찍어서 보여준다고 하더라도 내 눈에 보이지 않는 것은 보이지 않는 것이다. 기척도 없이 내 옆에 무엇이든 있다고 가정하면 그 순간부터 다가오는 공포심은 생각만으로도 오싹하다.

어릴 때 주로 애용하던 이야기가 그래서 귀신 이야기다. 눈에 보이지 않기 때문이다. 눈에 보이다가도 순식간에 사라지고, 보이지 않던 것이 어느 순간에 보이면서 우리의 간을 졸이게 만든다.

사실은 보이지 않는 게 가장 무섭다.

고등학교를 졸업하고 만난 체육관 모습은 지금 생각해도 오싹하다.

"우리 체육관에 귀신이 있다!"

"에이, 설마……."

자정만 되면 나온다는 귀신을 간이 큰 조카와 둘이 만나러 갔다. 12시를 알리는 시계 소리가 댕댕댕 울리자 체육관 벽을 긁는 소리가 복도까지 선명하게 들려왔다. 아마 고양이나 개 같은 짐승이겠지 했다. 쇠로 된 문을 여는 동시에 불을 켰다. 대낮처럼 밝은 체육관 안에는 매트리스 두어 개가 을씨년스럽게 앉아 있을 뿐, 아무 흔적도 없다. 시멘트로 둘러싸인 공간이어서 어디든 쥐새끼 한 마리 들어올 구멍도 없는 복싱체육관이었다.

문을 닫으면 다시 보이지 않는 발톱이 벽을 긁어댔다. 두어 번 문을 여닫으며 확인했지만 보이지 않는 으스스한 소리를 안고 돌아왔던 일은 아직도 오싹한 기억으로 남아 있다.

보이지 않는 것일수록, 아무 기척도 없는 것일수록 가까이에 경계의 벽을 쌓게 한다. 늘 보는 사람들이 경계의 대상에 오르고, 늘 보는 광경이 두려움의 대상으로 바뀐다. 안경 두께가 두꺼워지고, 두툼한 입마개로 무장을 한다.

먼저 나타나는 현상은 가만히 앉아서 집을 지키는 모습이다. 마치 내가 머무르는 곳이 가장 청정한 곳인 듯 나는 똬리를 틀고 앉았다. 아무도 없는 곳에다 나 자신을 스스로 가두었다. 나만 살면 세상이 끝나더라도 아무 문제가 없다는 듯 고고한 모습으로 주문을 외었다. 물러가라! 물러가라! 물러가라!

마지못한 바깥나들이라도 다녀온 다음에는 열심히 손을 씻었다. 하고 나도 개운하지 않은 것은 내 옷자락 어디엔가 몰래 앉아 있을지도 모를 눈에 보이지 않는 존재 때문이다. 옷을 털고 나서도 온전히 개운함을 느끼지 못하는 것은, 마음마저 제대로 세척 하기는 쉽지 않은 탓이다.

보이지 않는 것들은 늘 우리 주위에 존재한다. 보이지 않는 조상들이 살아 있는 사람들에게 간섭할 때도 있고, 보이지 않는 소문이 백척간두로 몰아넣기도 한다. 보이지 않는 신을 보인다고 믿어야 하는 상황에서 '믿음'이 나왔고 보이지 않는 현상을 보이게 하려고 애쓰다가 곤혹스러움을 겪은 역사도 있다.

보이지 않는 것의 위력 앞에 두려움을 안고 안절부절못하는 것은 그들과 함께 살고 싶지 않기 때문이다. 어떻게 대해야 할지 모를 낯선 손님에 대한 낯가림이 강해지면 두려움이 된다. 서로 손을 잡고 손아귀에 힘을 주면서 떨어지지 않으려고 하는 그들의 모습이 보이지 않아도 보인다. 함께 살든 멀리 쫓아내든 선택해야 한다.

어둠 속에서 유독 하얀 입만 덩그런 움직임이 한 발 한 발 다가온다. 나도 더욱 입단속을 한다. 짙은 어둠 속에서는 더욱더 어두워지는 '나쁜 소식'의 속성은 발톱으로 긁는 소리도 없다는 것이 더 오싹하게 다가온다.

KF94

갸름한 얼굴 모양에 안경 속으로 예리한 눈빛이 맑다. 무엇이든 하고 싶은 중요한 이야기를 할 때면 눈꺼풀이 약간 더 내려오면서 눈이 전체적으로 작아진 느낌을 주었다. 다만 눈동자의 초점은 더욱더 광채를 띠는데, 사람들이 다 자기를 보고 있다고 느낄 만큼 강렬했다.

머리는 베일에 가려진 채 흰 머리카락이 희끗희끗 몇 가닥 나와 있었다. 머리카락 몇 가닥으로 나이를 판단하기는 아무래도 섣부르다. 성격을 예상해 보거나 인상을 이야기하기는 더더욱 쉽지 않다. 베일이 약간 뒤로 젖혀지기라도 하면 얼른 끌어내려 바로 잡았으므로 판단의 영역은 다시 쪼그라들고 말았다.

걸음걸이가 느낌의 농도를 전해주는 요소가 되기도 한다. 강하고 여림에 따라, 혹은 빠르고 느림에 따라 거기에 함축된 기운에 그 사람의 성격이 묻어 있기도 하고, 인상이 일정 부분 그려져 있기도 하기 때문이다. 거의 서서 움직일 일이 없이 앉아 있는 모습 속에서는 도무지 그것도 소용없는 일이었다.

목소리가 가장 노화가 느린 부분이라고는 해도 결국은 나이에 따른 변화를 막을 수는 없다. 목소리에 힘이 느껴졌지만 어딘지 모르게 연한 갈색으로 드러나는 낮은 채도의 목소리가 섞여 있었다.

가장 그 사람을 읽기에 좋은 것은 얼굴을 보면서 이야기를 나누는 것이지만 말할 때마다 내려가는 마스크를 끌어 올리느라 그나마 드러나는 얼굴의 작은 부분마저 쉽사리 드러내지 않으려고 애쓰는 것처럼 보였다.

"보려고 하면 보입니다."

그 말은 별로 설득력 있게 들리지 않았다. 일단 얼굴을 막아 놓은 상태에서 교감의 통로는 거의 완벽하게 막혀 있다는 생각이 들기 때문이다.

적어도 강의자의 얼굴만은 개방해야 한다고 주장하고 싶지만, 다른 사람들을 위한다는 뚜렷한 명분은 그 어떤 논리도 넘어서기가 어려운 게 현실이었다.

"우리는 눈으로만 보려고 하지만 실제로 영성으로 보는 경우가 훨씬 정확합니다."

영성마저 우리의 모습을 매개로 하지 않고는 뛰어넘기 어려운 벽이다. 카랑카랑한 목소리였지만 조금은 색이 바랜, 연한 가랑잎 빛깔을 띠고 있는 수녀님의 목소리는 가려져 있는 그만큼 신비롭게 들려 왔다.

강의를 들은 지가 벌써 몇 회 거듭되었지만 여태 얼굴을 제대로 본 적이 없는 답답함이 긍정적인 사고의 뜰로 들어서는 날은 신비롭게 느껴지기 시작한 것이다. 문득 드러나지 않은 수녀님의 얼굴에서 나는 무언가를 열심히 찾고 있었는지도 모른다.

그러고 보면 함께 강의를 듣는 사람들의 얼굴도 제대로 본 적이 없다. KF94에 가려진 얼굴, 오롯이 눈으로만 해석되는 그들의 얼굴이 적어도 내 사유의 뜰 안에서는 하나 같이 같은 줄기로 해석의 방향을 잡고 있었다는 것을 알지 못했다. 나도 모르게 그들의 얼굴에서도 무언가를 일관되게 찾고 있었던 나의 심리는 나도 스스로 눈치챌 수 없을 만큼 교묘하게 답답함으로 위장되어 있었다.

생각했던 것보다 뒤뜰이 넓었다. 동산이라고 해도 좋을 만큼 이어지는 낮은 오르막길 가에는 소나무와 전나무, 주목 따위의 나무들이 제법 그 연륜의 중후함을 드러내고 있었다. 마치 매일 가꾼 것처럼 깔끔하게 다듬어진 잔디밭은 커다란 나무들의 짙은 그늘 속에서 편안한 모양으로 우리를 기다리고 있었다.

가장 평평한 곳을 골라 자리를 펴고 앉았다. 예닐곱 명의 조원들이 가지고 온 점심 도시락을 펼쳤다. 점심때가 지난 터라 제법 배가 고플 시간이었지만 나는 오히려 그들의 얼굴을 확인하는 일에 빠져 시장기마저 잊어버리고 있었다.

수녀님이 드디어 마스크를 천천히 벗었다. 왼쪽 줄을 먼저 벗기고, 오른쪽 줄을 벗긴 다음 무슨 경건한 의식이라도 하듯 천천히 바닥으로 내려놓았다.

"배가 고플 시간이에요. 식사 기도를 할까요?"

기도하는 수녀님의 얼굴은 내 상상의 범위를 많이 벗어나 있었다. 그 옆에 앉은 분도 또 그 옆에 앉은 분도 내 상상의 범위에서 동떨어진 모습으로 낯설게 다가왔다. 슬그머니 배신감마저 일었다.

도대체 내가 그들의 얼굴을 상상했던 기준은 무엇일까? 도대체 내가 왜 그들의 얼굴을 상상했던 것일까? 순전히 내 기준으로 그려온 그들의 얼굴을 확인하는 순간 더 혼란에 빠진 나는 그들의 이야기가 귀에 들어오지 않았다. 어떤 눈에 어떤 입이 조화롭다는 기준이 있을 리가 없지 않은가? 어떤 얼굴형에 어떤 눈, 코, 입이 어울린다는 기준이 없음에도 불구하고 나는 집요하게 그들의 얼굴에서 무언가를 열심히 찾고 있었다.

그들 가운데 상상력의 기준을 크게 벗어나지 않은 사람들을 중심으로 얼굴을 살폈다. 어떤 사람의 얼굴 앞에서 나의 심리적 시선이 크게 흔들리고 있었다. 그분이 나의 누님을 많이 닮아 있었다. 아니, 나를 닮아 있었다고 하는 표현이 훨씬 더 맞을지도 모르겠다.

어쩌면 마스크 안에 숨어 있는 얼굴들에서 나는 늘 나를 찾고 있었는지도 모른다는 생각이 들었다. 나를 닮은 얼굴을 그리면서 심리적인 거리감을 줄여가고 싶었던 것은 아닐까. 어쩌면 KF94로 대변되는 마스크가 만남의 총량을 끌어내리는 대신 만남의 깊이를 끌고 온 아름다운 지렛대가 될 수도 있었다는 생각을 얼핏 하게 되었다.

김밥

    먼저 달걀 노른자와 흰자를 분리한다 프라이팬에 기름을 골고루 바른 다음, 불을 최대한 줄여놓고 계란물을 붓는다 프라이팬 손잡이를 잡고 툭 쳐서 지단이 미끄덩 움직이면 다 된 것이다 만든 지단을 반으로 잘라 겹쳐 놓고 돌돌 말아서 썰면 고운 지단 가락이 국숫가락처럼 나온다 고운 접시에 담아서 한쪽에 올려놓고 쌀을 씻어서 밥을 한다 평소보다 물을 조금 덜 붓고 해야 꼬들꼬들한 밥이 된다 밥을 짓는 동안 오이를 절인다 오이를 얇게 잘라서 설탕, 식초를 1:1 비율로 넣는다 소금도 좀 넣어서 간이 잘 배게 섞어주고 잠시 두었다가 물기를 꽉 짜주면 된다 이제 당근 채를 썰 차례, 손으로 일일이 써는 일이 작은 일이 아니다 당근의 양은 많을수록 먹기도 좋고 색깔도 풍성하다 자 이제 볶을 차례, 기름을 지나치다 싶을 정도로 넣어서 볶는다 소금 간을 해서 볶다가 다 볶으면 덜어내고 당근 볶을 때 남은 기름은 따로 담아두었다가 햄을 볶는데 쓴다 햄을 볶아서 역시 잘게 썬다 밥이 꼬들꼬들 완성이 되면 참기름

과 소금으로 간을 한다 참깨를 살짝 볶아서 넣는다 간을 할 때 밥
만 먹어도 맛있다고 할 정도로 간을 한다 준비된 재료를 꺼내서 김
밥 싸기 좋게 세팅을 하고 김밥 쌀 준비를 한다 밥의 양은 야구공
정도의 크기로 얇게 펴 준다 준비한 재료들을 하나하나 올리고 돌
돌 말아주면 완성이다 완성된 김밥을 먹기 좋게 써는 일도 일이다

우리나라 사람들의 김밥 사랑은 유난하다. 아들딸들이 소풍 갈
때나 가족 나들이를 할 때, 심지어는 잔칫집 뷔페 음식 속에서도
빠지지 않을 만큼 사람들의 인기를 한 몸에 받는다.

김밥이 가진 특이한 조화는 자주 나를 돌아보게 한다. 김으로
외피를 하고, 그 안에 다양한 속을 넣어서 맛을 내는 구조는 나의
삶을 많이 닮았다는 생각을 하기 때문이다.

어머니가 내 몸을 걱정하여 감싸는 외피였다면 아버지는 나의
정신을 허물어지지 않게 버티도록 키워준 외피였다. 늘 엄마는 내
가 '밥'을 먹었어야 했고, 아프지 않아야 했다. 아픈 배를 밤늦게까
지 밀어주시며 나지막이 중얼거리시던 노래 아닌 노래, 아니 노래
보다 더 노래이던 그 소리를 지금까지도 잊을 수가 없다. 아버지는
조용히 지켜보셨다. 내가 필요한 것이 무엇인지 느껴지시면 조용
히 내 주머니에 손을 넣어 부족한 것을 채워주셨다. 그것은 돈이기
도 했고, 마음이기도 했고, 정이기도 했다.

무엇보다도 두 분이 나에게 가르친 노동은 그 어느 외피보다 강
한 힘으로 나를 이끌었다. 교사로 있을 때도, 퇴직 후에도 농사일
은 즐거움으로 나를 감쌌다. 1,500평이 넘는, 좁지 않은 규모의 농

사를 기쁜 마음으로 지었다. 밭에 난 풀을 매는 일이 명상이 되었다. 피를 뽑는 일도 즐거움으로 다가왔다. 깨를 털고, 감자와 고구마를 캐고, 나락을 베고, 그것들을 나누어 먹는 재미, 그 모든 게 어머니와 아버지가 물려주신 아름다운 유산이었다.

김은 외피의 역할만으로 끝나는 게 아니다. 김이 가지고 있는 은근한 맛이 김밥 전체의 맛을 내는 조화로움에 기꺼이 함께 참여한다. 그러고 보면 어머니도 아버지도 자기만의 독특한 맛으로 나를 감싸고 있다. 이미 이 세상에 계시지 않지만 어떻게 보면 지금도 부분적으로는 나와 함께 계신다.

속을 채워준 것은 내가 낳아 기른 아이들과 학교에서 가르치면서 만난 아이들, 아름다운 나의 이웃과 친구들, 그리고 내가 좋아했던 일과 취미 같은 것들이다. 이들 중 어떤 것은 새콤하고, 어떤 것은 달콤했다. 가끔 쓴맛이 도는 쌉쓰름한 맛이 입맛을 돋우기도 했다.

아이를 낳아서 키우는 일은 어렵지만 달콤한 일이다. 큰아이를 낳았을 때, 그 아이의 조그마한 얼굴에 내 얼굴이 또렷이 들어있다는 게 신기했다. 내가 연결된 사슬에 고리 하나가 더 생겼다는 생각이 들면서 이제 죽어도 좋겠다는 생각을 처음으로 한 것 같다. 종족 번식의 본능이 주는 안도감이었을까. 딸이 이른 나이에 시집을 간다고 했을 때 멈출 수 없이 흐르는 눈물의 정체는 무엇이었을까? 키울 때의 자질구레한 즐거움들에 더하여 스스로 살아가는 대견함이 주는 행복감, 그게 바로 김밥 속처럼 나에게 주는 삶의 맛이었을 지도 모른다.

아이들을 가르치는 일, 또한 쉽지 않은 일이다. 자기만의 독특한 품성을 향하여 굽히지 않는 자존감으로 자라는 아이들을 하나하나 보살피면서 키워간다는 것은 결코 쉬울 수 없는 일이기 때문이다. 역설적으로, 그래서 다가오는 기쁨 또한 적지 않다. 각기 다른 모습, 다른 색깔로 조화롭게 자라는 아이들의 모습이 꽃밭 가운데 서 있을 때, 그윽하게 풍겨오는 향기와 크게 다르지 않음은 참으로 큰 즐거움이다. 김밥 속의 다양한 종류의 재료들이 내는 맛이 조화롭게 다가오는 것처럼.

친구와 이웃이 주는 따뜻한 정도 김밥 속처럼 다양한 맛으로 다가온다. 나이가 들수록 친구나 이웃의 맛이 깊어진다. 아이들이 떠나고 없는 빈 곳을 친구나 이웃이 슬그머니 일상처럼 다가와 손잡아 준다.

그들과 함께 농사를 짓고, 취미생활을 즐기고, 여행을 떠나는 맛 역시 김밥 속처럼 다양한 맛과 즐거움을 제공한다. 함께 이런저런 공부를 하는 일도 품격 있는 늙음을 위하여 참 보기 좋은 즐거운 일이다.

나는 김밥의 몸피를 이루는 밥이다. 밥은 쌀알의 느슨한 결합을 더욱 공고히 하여 속을 제대로 감싸고, 외피와 이어지는 고리가 단단해지도록 끈기를 가지는 일에 늘 마음을 써야 한다. 그 결합과 조화가 제대로 된 김밥의 품격으로 드러나기 때문이다.

느슨해지기 쉬운 곳을 메워주는 역할이 어쩌면 아내의 몫이 아닐까 하는 생각을 한다. 서로서로 부족한 곳을 메워주면서 삶의 지평을 넓혀가는 동지로 살아가는 게 부부이기 때문이다.

나는 김밥 정도의 조화로운 삶으로 살았을까? 무너지지 않는 적당한 몸피를 유지하면서 다양한 속이 주는 다양한 맛을 내면서 살았는지 되짚어 본다. 무너지지 않는 일도, 일정한 몸피를 유지하는 일도, 다양한 맛을 내면서 사는 일도 결코 쉬운 일이 아니었음을, 단순한 김밥 안에 들어가 보고 나서야 깨닫는다.

이제부터라도 좀 더 맛있는 김밥을 위하여, 아니 맛있는 김밥이 되기 위하여 애쓰는 일에 마음을 써야겠다.

따뜻한 손

바람이 몹시 불고 있었다. 나무들이 신음하며 휘청이다 겨우 정신을 차려 일어서곤 했다. 휘익 지나가는가 싶으면 다시 일어서고 조용해지는가 싶다가 다시 소란해졌다. 어디서 날려왔는지 나뭇잎들이 회오리바람 중간에 심지처럼 서서 갈 바를 모른 채 파르르 떨다가 휘리릭 흩어지곤 했다.

"참, 으스스한 날씨구만."

우듬지에 보금자리를 차리고 살아가던 작은 새들이 금방이라도 부서질 듯한 둥지를 끌어안고 어쩔 줄을 몰라 쩔쩔매고 있었다. 한낮이지만 닭들도 일찌감치 횃대에 올라 숨을 죽이며 날씨의 눈치를 살폈다. 벌들도 윙윙거리며 무슨 일이냐고 평소보다 더 큰 경계심으로 더 너른 반경을 돌아 날갯짓을 하며 두려움에 몸을 떨었다.

문을 열고 바깥으로 나가는 일이 가져올 위험성에 대한 고려가 필요했다. '설마'하는 마음으로 내디딘 발끝이 찌릿해 왔다. 아니, 한참 동안 발끝인지 머리끝인지 분간을 할 수가 없었다. 순식간에 일어난 일이라 제대로 판단이 되지 않아 눈도 마음도 안개처럼 흐릿했다. 손이 머리를 움켜쥐고 있는 것을 보면서 그제야 머리에 통증이 오고 있다는 것을 느꼈다.

어디서 떨어진 벼락일까, 고개를 들어보니 엄지만 한 벌들이 머리 위에서 윙윙거리며 경계심을 늦추지 않고 있었다. 벌들은 견디기 힘든 날씨를 몰고 온 주범이 나라고 판단했던 것일까?

자연 속에서 산다는 것은 그 무엇과도 함께 사는 일이다. 벌은 꿀처럼 달콤하면서도 향기로운 양식을 주기도 하지만 자기들이 위험에 처하게 되었다고 판단하면 사정없이 침을 들고 달려들기도 한다. 평화롭게 사는 일은 늘 상대적이다. 그들의 판단이 나와 다를 때도 종종 있는 법이니까.

나는 거저 쇠꼴을 베고 있을 뿐이었다. 소가 좋아하는 풀들이 무성하게 서 있었고 반가운 마음에 낫으로 서너 움큼을 베어 다래끼에 넣었다. 다시 한 움큼을 움켜쥐었을 때, 수십 마리의 벌들이 날카로운 무기를 들고 그야말로 벌떼처럼 일어났다. 자기들의 평화로운 보금자리를 침범한 대가는 가혹했다. 낫을 집어 던지고 줄행랑을 치는 뒤꽁무니를 한참이나 따라오는 소리가 이어졌다.

앵--------.

듣는 것만으로도 소름 돋는 소리가 차츰 희미해지는 것을 느끼면서 정신을 차렸다. 온몸이 만신창이가 되어있었다. 머리는 머리대로, 팔은 팔대로, 심지어는 등까지 공격을 받은 흔적이 셀 수도 없었다. 내를 건너면서 몸에 훌훌 물을 끼얹었다. 한시라도 빨리 가야 한다. 조바심을 내며 들길을 걷는데, 여기저기가 부어오르기 시작했다. 쏘인 자리인가 싶었는데, 몸이 그 독을 다 받아들이기에 역부족이었는지 온몸이 두드러기처럼 일어났다.

작은 몸뚱이에 어디 그런 독을 품고 있는지 모를 정도로 매서운 침은 시간과 장소를 가리지 않는다. 맛있게 점심을 먹고 하하호호 웃으며 계곡을 즐기고 있었다. 어디서 날아왔는지 목이 따끔했다. 자기들도 함께 즐길 수 없는 것에 대한 질투심이었을까. 연한 부위라 금방 부어오르기 시작했다. 숨이 가빠졌다. 시간이 지나면서 더욱더 숨을 쉬기가 어려워졌다. 몇 걸음 뗄 때마다 숨이 턱턱 막혔다. 쪼그리고 앉아 겨우 숨을 돌리고 일어섰다. 함께 갔던 아이들의 모습이 흐릿해졌다가 맑아지고 다시 흐릿해지는 일이 반복되었다. 그 무엇에도 신경 쓸 겨를이 없었다. 오로지 나를 지키는 데만 모든 신경을 집중했다. 살그머니 목젖을 밀어 숨을 들이쉬면서 몇 걸음을 더 뗄 힘을 얻은 다음 다시 일어섰다. 병원에 도착할 즈음에는 완전히 기진맥진해 있었다. 몸에도 마음에도 땀이 흥건했다.

어떤 상황에서도 늘 따뜻한 손이 그 뒤에 있다는 것은 다행한 일이다. 그게 약을 든 아내의 손이든, 된장을 든 엄마의 손이든, 주사기를 든 간호사의 손이든.

밥의 무게

어떤 밥이든 밥으로 걸어온 길은 고통스럽다. 긴 여정을 돌아 돌아 어떤 무게로 자리 잡아 앉을 때까지 걸어야 하는 길이 멀다. 그 길에는 농부의 체온이 정성스럽게 내려앉고, 이앙기, 탈곡기, 정미소의 부지런한 소리가 섞이면서 한 그릇의 밥으로 익어가기 때문이다.

"그렇게 해서 밥 먹고 살겠나?"

게으름에 대한 힐책은 늘 밥으로 연결된다. 밥을 못 먹으면 살 수 없다는 근본적인 부분을 건드림으로써 다시 일어서게 하려는 의도가 그 안에 숨어 있다.

"밥은 버얼써 먹었습니다."

너스레를 떨면서 다시 손이 빨라지고 마음도 빨라진다.

밥은 땀을 흘리면서 하는 노동 가운데서 그 무게감이 제대로 살아난다. 들에서 밭을 매는 농부, 공장에서 쇠를 두드리는 노동자, 군대에서 훈련하는 군인들 앞에 놓인 밥그릇의 무게는 일반인들

밥그릇 무게에 비교가 되지 않는다.

들에서 일하다가 먹는 들밥의 맛을 잊을 수 없는 것은 바로 그 밥이 지닌 무게감 때문이다. 땀을 흘린 만큼 밥이 주는 기쁨은 헤아릴 수 없을 만큼의 무게로 서고, 그 밥은 다시 농부들의 땀이 되어 흐른다. 길을 지나가는 사람이나 인근 논밭에서 일하는 이웃에도 기꺼이 인정을 베푸는 들밥은 따뜻해서 더욱더 그 무게감을 느끼게 했다.

군인들이 땀에 비벼서 먹는 밥의 무게도 마찬가지다.

훈련병 시절, 종일 땀을 흘리고 나면 저녁을 한 그릇 깨끗이 비우고도 배가 고파서 가난한 배를 쓸어내렸다. 용감한 친구 두어 명이 내무반 친구들의 전폭적인 지지 아래 취침 시간도 지난 시간, 내무반장의 눈을 속이면서 창문으로 빵과 과자를 한 보따리 사 온다. 쥐꼬리만 한 월급이었지만 그것을 담보로 주린 배를 채우는 것이 무엇보다 급하던 때였다. 잠도 모자라지만 배고픔은 더 참기 어려웠다. 잠자리에 누워서 그 많은 빵과 과자를 다 먹고 나서야 잠이 들었다.

이튿날이면 그 가운데 설사 환자 한두 명이 반드시 나오게 마련이다. 그들은 갑자기 훈련병들 가운데서 인기가 치솟는다. 식사 시간이 되면 배식 열에서 그들의 바로 앞뒤에 서기 위한 눈치작전이 치열하다. 배가 고파서 일단 밥을 타지만 먹을 수가 없는 그들이 숟가락을 놓는 순간을 기다리는 것이다. 식판을 가로채기 위해서는 같은 식탁에 앉는 것이 유리하기 때문이다. 먹어도 먹어도 배고픈 훈련병 시절 밥의 무게는 상상하기도 어려울 만큼 무거울 수밖에 없었다.

내가 어릴 때만 해도 걸식을 하러 오는 일이 잦았다. 그들이 오면 어머니는 얼른 밥을 한 숟가락 떠서 건네고, 반찬 두어 가지를 그들의 밥그릇에 얹어 주셨다. 고맙다는 인사를 꾸벅하면서 돌아가는 그들의 등허리에 밥이 주는 기쁨이 흘러내렸다.

가난을 이기지 못하고 고생하는 사람들을 위하여 십시일반 쌀을 거두어서 건네던 인심, 제사 음식, 잔치 음식은 물론, 찐 고구마 하나라도 나누면서 살던 삶은 그 어려운 시절을 이기는 조상들의 지혜였다. 밥의 무게 중에 서로 나누는 밥의 무게가 가장 무겁다는 생각이 드는 것은 그 때문이다.

물질이 풍요로워진 요즘 밥상은 화려하지만, 무게가 없다. 밥을 대하는 정성과 절실함이 사라지고, 남기고 버리는 일을 가볍게 생각하는 만큼 밥은 그 무게를 잃어버렸다. 이제 밥을 나누는 일은 없다. 정성으로 나누는 떡은 쓰레기가 되고 아무리 좋은 음식이라도 입에 맞지 않으면 미련 없이 버린다.

밥의 무게는 밥의 고유한 무게가 아니라 먹는 사람, 놓인 상황, 그 이유 앞에서 같은 밥이라도 그 무게가 달라진다. 무게 있는 밥을 먹으면서 살고 싶다. 밥의 무게가 살아 있는 세상이야말로 삶의 무게가 살아 있는 세상이라는 생각이 들기 때문이다.

선인장

　나는 화분을 선물로 받을 때마다 기쁨보다 오히려 걱정이 앞선다. 꽃을 기르는 재주가 별로 없어서 지금까지 제대로 길러본 꽃나무가 거의 없기 때문이다. 얼마 지나지 않아 시들어 버린 꽃나무를 보면서 선물한 이에게 죄송하기도 하고, 시든 꽃나무를 보는 마음도 늘 안타깝다.

　화분을 잘 가꾸는 이들의 이야기를 들으면 늘 뿌리 이야기를 한다. 뿌리가 튼튼해야 잘 자란다는 것이다. 물주기를 많이 해야 뿌리가 튼튼해지는 식물이 있는가 하면 적게 주어야 오히려 튼튼하게 자라는 것도 있다. 난초는 물을 적게 주어야 하고, 철쭉은 물을 듬뿍 주어야 한다.

　작년 봄에 용궁중학교에서 가르쳤던 아이가 고등학교에 들어간다면서 자그마한 선인장 화분을 하나 사서 들렀다. 색깔 있는 흙에다가 예쁘게 포장까지 해서 들고 온 선인장이 예쁜 아이의 마음을 그대로 닮아 있었다. 선인장은 물을 아주 가끔 주어야 한다는, 옆

자리의 선생님 말씀을 새겨듣고 이번에는 잘 가꾸어 보아야지 하고 생각했다.

처음에는 책상 위에 얹어 두고 가끔 물주기를 잊지 않았다. 책상이 복잡해지면서 캐비닛 위에다 올려놓았는데 그 이후로는 몇 달 동안 거의 물주기를 하지 않았다. 어느 날 캐비닛 정리를 하면서 문득 캐비닛 위의 선인장으로 눈이 갔다. 너무 오랫동안 물을 주지 않았다는 생각이 들어서 두려움을 가지고 화분을 내렸더니 아니나 다를까 거의 말라 있어서 도저히 회생이 어려워 보였다.

시무룩해진 아이의 얼굴이 떠올랐다. 단지 미안한 마음으로 다시 물을 주어 올려 두고는 다시 잊어버렸나 보다. 겨울도 지나 봄이 되었을 때, 자리를 옮기면서 선인장을 내려보고는 깜짝 놀랐다. 선인장이 몇 개의 새 가지를 뻗고 파랗게 살아 있었다. 거의 물도 얻어먹지 못하고 추운 겨울까지 참아 견디면서도 꿋꿋이 살아 있는 그 놀라운 생명력이 참으로 놀라웠다.

선인장의 질긴 생명력이 2년 동안의 방황을 끝내고서 새로 입학한 우리 반 아이의 삶을 보는 듯하여 너무나 반가웠다. 그 아이는 부모의 이혼으로 뿌리에 상처를 입은 아이다. 고등학교 2학년을 갓 올라갔을 무렵, 어머니 생일 선물을 사서 집에 가보니 엉망이 된 안방이 싸늘히 식어 있었다고 했다. 어디로 갔는지도 모르는 엄마를 찾아서 떠돌아다니던 아이가 새로 뿌리를 내린 곳이 우리 학교 우리 반이다. 작은 칭찬에도 크게 기뻐하면서 파랗게 살아나는 모습이 눈에 보이는 듯했다.

때로는 나이가 적은 아이들과 함께 공부한다는 것에 흔들리기도 하고, 그동안의 사회생활에서 체험한 자유에 발목이 잡혀 허우적거리는 모습을 보이기도 했지만 새로 일어서겠다는 의지가 삶에 생기를 불어넣는 듯했다. 성적이 부쩍부쩍 나아졌다. 자격증 시험에도 붙었다. 신이 나서 흔들거렸다. 차츰 학교생활에 적응하며 뿌리를 내리는 듯했다.

화분의 꽃나무가 물을 먹고 자란다면 아이들은 사랑을 먹고 자란다. 아이는 물을 듬뿍 먹고 자라는 꽃나무다. 그런 의미에서 학교는 아이들에게 사랑을 나누어 그들의 뿌리를 튼튼하게 해주는 곳이다. 화분의 꽃들이 뿌리가 튼튼해야 싱싱한 줄기에 아름다운 꽃을 피우듯이 아이들에게도 든든한 바탕이 필요하다. 그 바탕은 바로 가정이다. 그 바탕이 든든하지 못할 때, 아이들은 뿌리를 내릴 곳이 없어 이리저리 방황하게 된다.

할머니께 얹혀살지만, 할머니와 단둘이 꾸려가는 가정이, 그래서 그 아이에게는 참으로 소중하다. 우리 반 아이들이 비빔밥 잔치를 한다고 할 때, 할머니께서 기꺼이 밥을 해서 보내 주신 적이 있다. 그 아이도 오래간만에 꿀맛 같은 비빔밥을 먹었다며 아주 좋아했다. 그게 가정이었다. 그 아이의 뿌리였다.

며칠이 지나지 않아 그 아이가 심각한 표정으로 다가왔다.

"선생님, 저희 아버지가 부도가 나셨대요."

아무것도 해줄 말이 없었다. 한참 동안 그렇게 앉아 있었다. 그나마 또 한 가닥 생활의 뿌리가 잘리고 만 것이다. 가난할수록 배가 고픈 법이다. 눈총을 받으며 하루에 두세 번씩 배식을 받곤 하기를 며칠 동안 계속하더니 어느 날부터 학교를 나오지 않았다. 아무도 소식을 아는 이가 없다.

    캐비닛 위의 선인장을 보았다. 튼튼하게 뿌리를 박고 많이 자라 있었다. 또 한 번의 방황을 끝내고 그 아이가 돌아올 때쯤에는 더욱더 많은 가지를 내고 자라 있을 것이다. 나는 그동안 그 아이에게 줄 사랑을 차곡차곡 준비해 두어야 하겠다고 생각한다. 그것을 나누어 주게 될 날이 언제쯤일까 손꼽아 헤아리면서.

선택

"생명이 중요한 거여, 일이 중요한 거여? 부인이 아프면 다른 일을 다 제치놓고 같이 와야제, 아픈 사람을 혼자 보내는 기 말이나 되는 기여."

"죄송합니다."

"어제 온다고 했으면 밤늦게라도 와야제, 열한 시까지 기둘리고 있었는디 안 오고...... 그렇지 않으면 아침에라도 빨리 와야제...... 지금이 도대체 몇시여?"

"죄송합니다."

마치 죄인을 다스리듯 느릿느릿 따갑게 내려치는 힐책의 채찍이 매서웠다. 아침을 먹지 못했다는 것은 이제 전혀 문제가 되지 않았다. 꿇어앉은 다리에 피가 통하지 않아 찌릿찌릿 저려오기 시작한다.

'내가 왜 이렇게 낯선 영감님한테 힐책을 들어야 하는가?'

은근히 마음이 뒤틀려 당장이라도 아내의 손을 이끌고 돌아서고 싶었다. 하지만 그런 생각을 비웃기라도 하듯 영감님에 대한 신뢰는 이미 상당한 무게로 아내의 마음을 사로잡고 있었고, 어쩔 수 없이 내가 뒤집어쓰고 받아들이는 것이 가장 자연스러운 분위기가 되어 있었다.

영감님이 피운 담배꽁초가 늘어나면서 방 안 공기도 내 마음처럼 탁해져 갔다.

"나가 봐요!"

선심이나 쓰듯이 툭 내뱉는 한마디가 일단은 참 고맙게 다가왔다. 다리를 풀고 밖으로 나와 어쨌든 아내가 쫓겨나는 신세는 면하게 했다는 안도감으로 가슴을 쓸어내리면서 어디서 어떻게 있어야 할지 쭈뼛거렸다.

"이리 오시지요."

늙수그레한 아저씨 ─거기서 총무 일을 보는 분인 것 같았다 ─한 분이 오시더니 어떤 방으로 안내했다. 내가 먹어야 할 거라면서 마그밀과 상쾌 효소, 죽염, 그리고 내가 사용해야 할 관장기, 생수통 따위를 한 아름 안겼다. 마치 내가 환자가 된듯하기도 하고 아내를 내가 병들게 한 것 같기도 하여서 기분이 아주 묘했다.

소풍날 아침이었다. 경주로 소풍을 간다고 나름대로 들뜬 마음으로 준비하는데 뜬금없이 아내가 화순을 가겠다고 했다.

"화순은 왜?"

"한민족생활문화연구회라고 하는 곳이 있는데, 수술하기 전에 잠시 가 있으면 어떨까 하고……."

"그래? 그러고 싶으면 그렇게 해. 혼자 갈 수 있겠어?"

"기차 타고 가면 돼. 기차역까지만 태워다 줘."

아침에 아내를 기차역까지 태워다 주고 나는 경주로 소풍을 떠났다.

아내는 지난해 갑상선 암 판정을 받고 명예퇴직을 한 다음, 자연 치유 쪽에 마음을 두고 몸 관리를 죽 해왔다. 나름대로 애를 써 보았지만 제대로 치료가 되지 않아서 포기할 수밖에 없는 상태였다. 병원을 정하고, 수술 날짜를 받고, 정밀 진단 하는 날짜까지 받아놓은 상태여서 마음이 허전할 수 있겠다는 생각이 들었다. 나도 아내가 잠시 조용한 데서 휴양하고 오면 좋겠다고 생각하던 중이었다. '마침 잘 됐다.'는 생각으로 아내를 보냈다.

이른 오후쯤이었나 보다. 아이들과 멕시코 극단의 연극을 보던 중이었다. 손전화 저 너머로 아내의 다급한 목소리가 마치 물에 빠진 사람처럼 숨 가쁘게 들려왔다.

"선생님이 당신이 와야 한대. 안 오면 나도 안 받아 주신대. 신청을 안 받아 주신다고 해서 지금 밖에서 기다리고 있어."

어이가 없었다. 갑자기 가출 소녀가 보따리를 들고 담 모퉁이에 쭈그리고 앉아 벌벌 떨고 있는 모습이 아내의 모습과 겹쳐 애처롭게 떠올랐다. 아내를 그런 '가출 소녀'로 만들 수는 없었다.

"왜 내가 가야 한다고 그래?"

위중한 병은 식구들이 함께 노력해야지, 혼자서 아무리 애를 써도 나을 수가 없다는 것이 바로 그 이유였다. 적어도 며칠 동안 함께 지내면서 어떻게 해야 하는가를 배워야 한다는 것이었다. 한편 고개가 끄덕여지는 말이기도 했다.

"알았어. 그럼, 오늘 저녁에 간다고 해."

부랴부랴 서둘러 먼 길을 가야 한다는 바쁜 마음이 경주에서 돌아오는 버스에서도 부산하게 움직였다.

'그럼, 도대체 어떻게 하라는 거지? 며칠 동안 나도 함께 있으라는 이야긴가? 그럼 직장은? 어떻게 해야 할까……. 설마……. 이야기나 듣고 가라는 것이겠지.'

집에 도착하는 대로 혹시 하는 마음으로 부랴부랴 며칠 동안 묵을 수 있는 짐을 싸서 차에 싣고 시동을 걸었다. 전남 화순까지는 가까운 거리가 아니었다. 여섯 시에 출발했지만, 아홉 시가 거의 되어서야 광주를 앞둔 정읍휴게소에서 잠시 숨을 돌릴 수 있었다. 막 저녁을 한술 뜨려는데 아내에게서 전화가 왔다.

"거기서도 아직 머니까 내일 아침에 오는 게 좋겠어."

"이왕 온 거니까 늦더라도 빨리 가는 게 좋지 않을까?"

"여기 함께 있는 사람들에게 물었더니 내일 오는 게 좋겠대. 여기는 아홉 시면 다 자니까 다른 사람들에게 방해도 되고, 여기 들어오는 길도 좋지 않아서……."

"알았어."

그럴 줄 알았으면 굳이 이렇게 급하게 달려올 이유가 없었다. 차라리 내일 아침에 출발했으면 더 좋았을 걸.

광주 시내에 숙소를 정하고 하룻밤을 묵었다. 아침에 일어나 처음으로 가는 집에 아침 일찍 가는 것도 실례가 될 것 같아 꾸물대면서 아침 식사할 곳을 찾았다. 식사하고 출발하면 시간상 적당할 것 같은 생각이 들었기 때문이다. 낯선 곳에서 아침 식사할 만한 곳을 찾기가 쉽지 않았다. 두리번거리는 사이 아내에게서 또 한 번의 다급한 전화가 왔다.

"왜 빨리 안 오느냐고 선생님의 성화가 대단하신데……. 이렇게 성의가 없는 사람이 어디 있느냐고 막 화를 내고 계셔."

뭔가 잘못 돌아가고 있다는 예감이 들었다. 식사고 뭐고 다 팽개치고 달려가야 할 것 같았다.

"알았어. 바로 갈게."

예상외로 고개가 높았다. 소쇄원 앞길을 지나 시골로 들어가는 길도 꼬불꼬불하여 빨리 간다는 게 만만치가 않았다. 공기 좋고 물 좋은 곳을 찾아 산중 깊숙한 곳에 자리를 잡았을 연구소는 적어도 그 순간만은 참 야속한 곳이었다.

숨 가쁘게 달려서 도착한 나를 기다리고 있는 것은 내 마음과는 많이 빗나간 날카로운 힐책뿐이었지만 거기서 다른 변명을 하기에도 분위기가 맞지 않았다. 그냥 내가 죄인이 되고 말 수밖에 없었다.

내가 들어간 방에는 이미 먼저 온 수련생이 한 명 있었다. 벌써 보름째 단식을 하고 있다고 했다. 보름 동안 아무것도 먹지 않은 사람치고는 매우 건강해 보였다.

"풍욕하고 관장하는 거 갈쳐 디리. 마그밀 먹는 것도……."

불쑥 한마디 던지고는 다시 휑하니 나가는 영감님의 뒷모습에 찬바람이 일었다. 한참 동안 풍욕 때 하는 운동도 배우고 관장도 배웠다. 새로운 운동들이었다. 붕어처럼 온몸을 비틀기도 하고, 팔과 다리를 들어 흔들기도 하고, 손과 발을 모아 개구리가 뛰는 모양으로 중심을 잡는 운동도 있었다.

점심시간에는 죄인처럼 주는 멀건 죽을 한 공기쯤 먹었다. 저녁부터는 아예 아무것도 주지 않았다. 배가 고프면 물을 마셨다.

"저희 남편, 저녁... 안... 주시...나요?"

아내가 이렇게 물었다가 된통 야단만 맞았다. 저녁에는 풍욕을 한다고 너른 강당에 다 모여 낮에 배웠던 운동을 두 번이나 하고, 새벽 네 시에 다시 일어나 그 운동을 또 두 번이나 한 다음, 목욕탕으로 가서 찬물과 더운물을 교대로 왔다 갔다 하는 냉온욕을 하고 나서야 숨을 좀 돌렸다.

일곱 시부터 시작된 진찰과 교육은 환자의 남편으로서 해야 할 일을 하나하나 주지시키는 자리였다. 아침 식사를 하지 않아야 하고, 음식을 제대로 먹는 방법, 잠을 자는 시간과 지켜야 하는 일상생활 등이 일일이 현실에서 그대로 실천해야 할 모습으로 생생하게 그 모습을 드러냈다. 그렇게 할 수밖에 없다는 것을 느꼈다. 그렇게 하겠다고 했다. 교육이 끝나고 점심에는 멀건 죽 한 그릇을 먹고 나는 다시 집으로 돌아왔다.

아내는 그날부터 한 달 가까이 단식을 했고, 집으로 와서도 오랫동안 복식을 했다. 물론 수술 날짜가 잡혀 있었던 병원의 예약은 다 취소되었고, 갑상선 종양은 아내의 마음에서 멀리 사라졌다. 마치 얼굴에 난 사마귀 점 하나처럼 아무것도 아닌 게 되어 함께 살겠다는 것이었다.

아내의 선택은 이제 무공해 삶 —먹거리뿐만 아니라, 생활, 생각까지를 포함한—쪽으로 기울어져 있었다. 그동안 살아온 헝클어진 삶의 방식을 바르게 고쳐 그렇게 실천하면서 살게 되면 헝클어진 몸도 바르게 된다는 단순한 교훈을 믿고 실천하면서 살겠다는 의지의 표현이었다.

"사모님 덕분에 오히려 선생님이 더 건강해진 것 아니에요?"

그럴지도 모른다. 하지만 나는 그날 화순에서 잃은 것이 많다. 아침 식사를 잃었고, 5kg이 넘는 몸무게를 잃었다. 하지만 자주 나던 배탈도, 봄이면 단골손님처럼 따라다니던 알레르기도 함께 사라진 것을 보면 크게 손해 본 것만은 아니라는 생각을 하게 된다.

스스로 서기

어느 겨울, 다니러 온 손자들과 함께 경천대를 다녀온 적이 있다. 아이들이 좋아하는 눈썰매장을 가기 위해서였다. 꽤 많은 아이들이 썰매장 앞에 줄을 서 있었다. 어린아이들은 낮은 썰매장을 이용하고 조금 큰아이들과 어른들은 높은 썰매장에서 썰매를 탔다.

큰아이는 스스럼없이 높고 긴 썰매장에 가서 씽씽 신명 나게 썰매를 탄다. 일곱 살인 작은 녀석은 아무래도 높은 썰매장이 자신이 없었던 모양이다. 어쩔 수 없이 낮은 곳에서 몇 번을 타더니 슬며시 높은 곳을 가고 싶다고 했다. 높은 곳에 가서 막상 썰매를 타려고 하니 자신이 없었는지 나와 함께 타거나 엄마와 함께 탄다고 했다. 일곱 살짜리가 혼자 타기에는 두려움이 클 수밖에 없을 만큼 경사도도 있고 거리도 멀었다.

같이 높은 곳에서 한 번 타고나면 그다음에는 반드시 다시 낮은 곳으로 옮겼다. 낮은 곳은 자신 있게 혼자서 탈 수 있는 곳이기 때문이다. 몇 번이나 그런 과정을 반복하는 것을 보면서 스스로 하고 싶어 하는 마음의 크기를 엿볼 수 있었다.

어린아이들도 자기 스스로 하는 것에 자부심을 느낀다. 결국 혼자 높은 썰매장을 타지 못하고 돌아올 수밖에 없었지만 머지않아 반드시 해내리라는 생각이 들었다. 늘 그 길을 보는 사람은 반드시 그 길을 걸을 기회를 잡을 것이기 때문이다.

아직도 스스로 할 기회를 박탈하는 모습들이 사회 곳곳에서 활개 치고 있다. 가정이 그렇고, 학교가 그렇다. 사회의 각 조직 속에서도 그런 모습을 발견하는 것이 그다지 어렵지 않다.

가정에서는 스스로 할 수 있는 일들을 오직 공부 속에 머무는 조건으로 박탈한다. 청소도 설거지도 빨래도 아무것도 하지 않는다. 모든 것은 대학 진학이나 취업에 필요한 것들에 한정하여 움직이도록 요구한다. 그것도 스스로 하는 것이 아니라 철저한 계획, 일정에 따라 로봇처럼 움직인다. 아무런 불만 없이 그 요구에 순종하는 아이들이 착한 아이가 된다.

학교도 마찬가지다. 앞으로 살아가는 데 필요한 것들을 가르쳐야 할 학교가 학과 교육에만 온통 매몰되어 있다. 유명 대학만 가면 마치 모든 행복이 기다리고 있는 것처럼, 수십 년을 진학지도에만 매몰되어 있다. 유명 대학을 졸업한 사람들도 취업이 되지 않는 시대에 살면서도 습관처럼 그 끈을 놓지 못한다.

사회 조직 속에서도 스스로 창의적인 일을 구상하고 실천하는 것이 아니라 관행으로 이어져 내려오는 일들을 이어가는데 매달린다. 아무 생각 없이 상사의 지시에 따라서 착실하게 실행하는 것에 익숙해져 있다.

사람은 누구나 자기 스스로 하는 일에 자부심을 느낀다. 일곱 살짜리 손자 녀석의 썰매 타기에서 볼 수 있듯이 스스로 서고 싶은 것은 세상 사람이면 누구나 가지고 있는 인지상정이다. 초등학교 중학교 아이들도 스스로 하는 것을 좋아한다. 스스로 계획을 짜서 다녀온 수학여행의 경우, 조금 부족해도 불만이 없다. 하지만 교사들이 짠 수학여행 계획은 늘 아이들의 불만을 불러오기 일쑤다.

수학여행 계획을 부서별로 주제와 일정을 짜고 계획을 발표한 다음 질의응답을 통하여 부족한 부분을 채우고 조정하여 최종적으로 결정한다. 자기들이 짠 일정에 따라 실행하고 교사들은 단지 안전 문제를 고려하여 '그림자 선생님'으로 아이들을 따라다닌다. 다녀온 후에는 다시 부서별로 평가하고 전체 앞에서 발표한다. 이게 바로 내가 마지막으로 근무했던 중학교에서 아이들이 스스로 하던 모습이다. 다녀온 후에 느끼는 자부심과 성숙도는 과정 안에서 겪어야 했던 모든 어려움을 상쇄하고도 남는다.

사람들이 자신의 개성대로 자신만의 빛깔을 스스럼없이 스스로 드러내게 될 때 이 사회는 얼마나 다양한 아름다움들이 넘쳐나게 될까? 좀 더 편하게 사는 쪽에 서기 위하여 자신만의 빛깔을 발로 차버릴 때 그게 정말 편하게 사는 길을 펼쳐줄 것인가 하는 것도 불명확하지만 설사 그렇게 되었다고 하더라도 자신의 색깔을 잃은 무색무취한 삶을 살게 되지는 않을까 두려워해야 할 일이다.

알

몇 년째 알찬 배추를 길러보지 못했다. 거름이 넉넉해야 한다고 해서 꽤 많은 퇴비를 넣고 배추를 심지만 번번이 쭉정이로 서 있는 배추를 보면서 고개를 갸웃거려야 했다. 벌레도 열심히 잡아주고 풀도 뽑아주면서 나름대로 정성을 다했는데도 늘 내 노력을 비웃기라도 하듯 알이 없는 배추 앞에서 허탈한 마음을 달래야 했다.

배추뿐만이 아니라 사람도 사회도 나라도 알찬 모습을 가진다는 것이 쉽지 않다는 걸 느끼면서 살아왔다. 알찬 사람은 겉모습을 중요하게 생각하지 않는다. 알찬 사회는 규모에 연연하지 않으며 알찬 나라는 정부를 국민 위에 두지 않는다.

서슬이 시퍼렇던 박정희 정권 시절, 나는 초등학교에 다녔다. 박정희 대통령이 한때 나의 모교 교사였다는 인연으로 그 당시 한강 이남에서 가장 큰 강당을 선물로 받았다. 시골에서는 감히 구경도 할 수 없었던 커다란 피아노가 강당에 '대통령 박정희 기증'이라는 글귀를 안고 앉았다. 우리는 큰 '빽'이 생겼다고 좋아하며 손바닥에 불이 날 정도로 박수를 쳤다.

얼마 지나지 않아 새마을운동이 잘 된 마을로 우리 고향 어느 마을이 선정되어 대통령상을 받았다. 사람들은 너도나도 그 마을을 구경하러 갔다. 어린 내 눈에 비친 그 마을은 우리 마을과 그리 달라 보이지 않았다. 돌담 안, 마당에는 나뭇가리가 있었고, 볏짚이 쌓여 있었으며, 초가지붕을 벗겨내고 슬레이트를 얹은 다음 빨강, 혹은 파랑으로 색칠을 한 것이 우리 마을과 똑같았다. 한 가지 다른 점은 수도가 들어와 있었다는 점이었다. 아마 지금 생각해 보면 나라에서 돈을 들여 산에서 내려오는 물을 모아 수도로 연결해 준 것이 아니었을까?

학교에서도 교사들과 교장이 형식과 내용 문제를 가지고 다툴 때가 많다. 교장은 건물을 고치는데 예산을 쓰려고 하고, 교사들은 아이들에게 돈을 쓰려고 한다.

시장은 도로를 고치고, 시청을 새로 짓고 싶어 하지만, 시민들은 공원에서 쉬고 싶어 하고, 문화회관을 지어 거기서 보고 싶은 영화, 연극, 뮤지컬을 즐기고 싶어 한다.

대통령은 강을 곧추고, 보를 막고, 화려한 올림픽을 유치하고 싶어 하지만 국민은 생활하수 정화시설을 하고 싶어 하고 일자리를 가지고 일을 하고 싶어 한다.

그동안 우리는 참 오랫동안 형식을 중요시하고 그것이 업적인 양 떠들어대는 사회 속에서 살아왔다. 정부의 감언이설에 속기도 하고 알면서도 속을 끓이면서 살아왔지만 이제 알찬 배추를 기르

듯 알찬 사회를 만드는데 시민이, 국민이 직접 뛰어들어 함께 하는 시대로 서서히 바뀌고 있음을 느낀다. 이제 반드시 그렇게 바뀌어 가야 한다.

배추도 거름만 많이 한다고 해서 알찬 배추가 되지 않듯이 삶의 토양을 바꾸고 사회의 부조리를 과감하게 개혁하면서 모두가 더불어 살아가는 사회를 만들어 가는 알찬 주인공이 되었을 때 이 사회도 알찬 사회가 되리라 믿는다. 지금은 겉이 아니라, 규모가 아니라, 돈이 아니라 알이 필요한 시대다. 화려한 겉을 가지고 자랑하면서 행복해하는 시대는 지났다. 큰 집을 가지고, 큰 차를 타면서 으스대는 시대도 지났다. 월급이 좀 적어도 주말이 보장되는 직장을 선호하는 지혜로운 젊은이들 속에서 여유롭고 행복한 미래를 만난다.

알면

입구를 들어서면서부터 짙은 그늘이 몸을 감싼다. 풋풋한 향내가 은은히 다가와 손을 잡고 오르는 산길. 완만한 길을 느슨하게 오르다가 한 단계 올라서면 가파른 길이 앞을 가로막는다. 고개를 들어 올려다보는 순간 까마득하다.

'저 길을 언제 다 오르지?'

두어 개의 굽은 오르막길을 오르면 아담하게 앉아 있는 나무 의자, 그 위로 단숨에 오를 수 있을 만큼 길지 않은 가파른 길이 하나 더 있다는 것을 안 이후로는 그리 힘들지 않게 오를 수 있었다.

조금 더 오르다 보면 까마득하게 높은 나무 계단이 나온다. 올려다보면 절벽처럼 숨이 턱 막힌다. 엄청나게 많은 계단이 숨찬 나를 비웃듯이 쳐다보고 있다. 하나, 둘, 셋, 넷, 다섯…… 백 마흔여섯. 생각보다 많지 않은 계단의 수를 알고 나서부터는 오르는 게 힘들지 않았다.

서울은 갈 때마다 참으로 복잡한 도시라는 생각이 들었다. 실핏

줄처럼 얽히고설킨 도로와 삶이 뒤엉켜 돌아가고 있는 것처럼 보였다. 한때 서울 시내를 내가 운전하면서 시원하게 달릴 수 있었으면 좋겠다는 생각을 한 적이 있다. 죽을 때까지 그런 기회는 오지 않으리라 생각했다.

'저 복잡한 길을 내가 달릴 수 있을까?'

내비게이션이 등장하여 어디로 들어가서 어디로 나오면 되는지 알게 된 후에는 서울이 두렵지 않았다. 보란 듯이 국회의사당 앞을 시원하게 달렸다. 광화문을 돌아 창경궁을 찾는 것도 어렵지 않았다. 서울의 엉킨 매듭이 내 안에서 풀리는 느낌이었다.

알면 편안하다. 아는 길은 사색의 공간이 되어 나를 부른다. 길가 작은 들꽃 하나도 정겹게 다가와 손을 잡고, 도시의 좁은 골목길도 내 눈에 익은 길은 늘 반갑다. 낯선 곳에서 아는 사람을 만났을 때의 그 기뻤던 순간은 생각만으로도 행복하다.

내가 활동하는 문학회에서 한동안 한글학교를 운영했던 적이 있다. 일흔이 넘은 할머니 예닐곱 분이 한글을 배우고 싶어 했다.

'이 나이에 우리가 글자를 배울 수 있을까요?'

먼저 가나다라를 읽고 썼다. 마치 노래하듯이 읽었다. 그림 그리듯이 꾸불꾸불 이어지던 글자가 제 모양을 갖추어 갈수록 손가락에 힘이 생겼다.

아들 손자에게 귀동냥으로 듣고 배운 '학교 종이 땡땡땡' '송아지', 노래를 부르고 쓰면서 차츰 눈이 밝아졌다. 아들딸이 보낸 편지를 떠듬떠듬 읽게 되었다. 매일 손자와 느린 문자를 주고받는 재미를 알게 되었다. 눈이 밝아져서 세상이 환하게 보인다고 했다.

중학교 때였나 보다. 친구가 수업 시간에 도무지 이해가 되지 않던 피타고라스 정리를 밤새워 공부했다. 그 원리를 알고 난 다음 찾아온 기쁨을 흥분한 어조로 이야기하던 얼굴빛을 지금도 기억하고 있다.

"학이시습지(學而時習之)면 불역열호(不亦說乎)아!"

친구의 얼굴빛이 공자가 이 이야기를 할 때의 얼굴빛과 참 많이 닮아 있었을 거라는 생각이 든다.

우리는 수많은 눈을 가지고 있다. 모르던 것을 알게 되는 순간 눈이 하나씩 뜨이고 앎의 폭이 넓어질수록 그 눈의 폭도 넓어진다. 앎의 폭이 넓어질수록 삶의 폭이 따라서 넓어진다는 것은 참으로 행복한 일이다.

정점

퇴직 후 건강도 챙길 겸 한 주에 두어 번 탁구 치러 간다. 잘 치는 선생님께 지도받으면서 배운 탁구는 재미있는 운동이다. 운동과 재미를 겸할 수 있는 일이 어디 흔한 일인가. 탁구가 주는 재미가 은근히 그날을 기다리게 한다.

탁구 치다 보면 공이 탁구대 밖으로 나가거나 네트를 넘기지 못하는 일이 종종 나오는데, 선생님은 늘 그때마다 정점 이야기를 하셨다. 공이 튀어서 정점까지 올라올 때를 기다리라는 것이다. 그 짧은 순간을 기다리지 못하고 미리 손을 뻗는 일이 잦다.

시합할 때는 특히 더 그랬다. 상대방이 제대로 받을 준비가 되지 않았을 때 넘기겠다는 욕심이 더욱더 손을 빨리 내밀게 했다. 공은 거짓말을 하지 않는다. 조금이라도 서둘러 넘긴 공은 꼭 네트에 걸려 비틀거리거나 탁구대를 넘어서 멀리 날아갔다.

탁구를 잘 친다는 것은 결국 정점에 대한 기다림의 문제였다. 나는 요즘 공을 끝까지 보는 연습과 정점까지 올라오는 공을 기다리는 연습에 몰두하고 있다.

그 짧은 순간의 기다림이지만 결코 쉬운 일이 아니다.

'기다려야 한다. 기다려야 한다.'

힘 있게 공을 넘기려고 할수록 기다려야 한다고 했다.

탁구 치면서 문득 개구리를 생각했다. 바로 앞으로 나아가는 것이 아니라 몸을 뒤로 젖혀서 기다리는 동작이야말로 탁구에서도 그대로 적용되어야 할 지혜가 아니던가.

제법 봄기운이 돈다. 냉이를 캐는 아낙네들도 보이고 남녘 멀리에서는 벌써 화신이 들려온다. 긴 겨울은 봄에 대한 기다림으로 살게 마련이다. 몸을 움츠리며 오그라들었던 가슴을 펴게 하는 게 바로 따스한 봄볕이기 때문이리라.

곧 매화가 꽃망울을 터뜨리고 이어서 산수유, 진달래, 개나리가 피고, 수선화도 겨우내 얼었던 땅을 뚫고 힘차게 꽃대를 내밀 것이다.

봄을 기다린 사람들을 실망하지 않게 하겠다는 듯 늘 봄은 그렇게 화려하게 온다. 매화를 시작으로 온갖 화려한 꽃들의 이야기를 한 아름씩 안고 성큼성큼 온다. 어떤 사람들은 그렇게 부리나케 왔다가 쏜살같이 가버린다고 아쉬움을 토로하기도 한다.

어쨌든 봄은 소한 대한으로 온전히 추위가 정점을 지나고 나서야 비로소 그 모습을 드러낸다. 결국 겨울이 온전히 익어야 봄에 그 자리를 내주는 것이다.

대부분 봄처럼 따뜻한 삶을 좋아한다. 어두운 삶의 터널에서 벗어나 환하고 따뜻한 삶이 오기를 기다리면 산다. 가난할수록 얇은 옷을 통하여 들어오는 겨울바람이 차다.

기다림은 누구에게나 절실하다. 어두움과 추위에 젖어 있는 사람들에게는 더욱더 강하게 다가온다. 하지만 어두움도 추위도 비로소 정점을 지나 그것이 무르익은 다음에 비로소 거기서 벗어날 수 있다는 것은 성급한 우리의 마음에 새겨두어야 할 교훈이다.

살아가면서 기다림에 가슴 조이는 일이 참 많다. 장을 보러 간 엄마의 시장바구니에 들어 있을 눈깔사탕을 상상하면서 미리 군침을 삼켰던 어린 시절, 우리의 기다림에 비해 엄마의 발걸음은 느리기만 했다.

우체부 발자국 소리에 귀를 기울이며 사랑하는 사람의 편지를 기다려 본 기억들, 요즘은 컴퓨터의 메일이나 스마트폰의 문자로 대체되긴 했지만 절실하기는 마찬가지가 아닐까? 그 발자국 소리를 따라온 사랑의 향기에 취하여 오랫동안 기분이 좋았던 기억 한두 개쯤은 누구나 소중히 간직하고 있으리라.

첫 아이의 출산일이 다가와 아내가 입원을 하고 있을 때였다. 산실 밖에 있는 딱딱한 나무 의자에서 밤을 꼬박 새우고, 오전이 다 가고 점심때가 지났는데도 아이는 나올 생각을 하지 않았다. 기다림에 점점 지쳐가고 있었다.

"간호사님, 아직 멀었어요?"

"예."

"식사 좀 하고 와도 될까요."

"그럼요, 걱정하지 마시고 다녀오세요."

부랴부랴 점심을 먹고 이발소에 가서 면도한 다음 세수를 하고 돌아왔다. 돌아오니 나무 의자 동지들이 어딜 갔다 오느냐고 난리들이다. 왜 그러느냐고 했더니 아이를 낳고 이미 병실로 갔다는 것이다. 내가 막 웃으면서 그럴 리가 있느냐고 했더니, 정말이라면서 등을 떼민다.

병실로 가보니 정말 아내가 병실에서 환하게 웃고 있었다.

"수고했어!"

아이가 세상에 나오는 것을 내가 직접 맞이하지 못한 것이 지금도 딸아이에게는 미안한 일로 남아 있다. 조금만 더 기다릴 걸.

결국 정점을 제대로 맞추지 못하는 것은 옛날이나 지금이나 별로 다르지 않아 보인다. 튀어 오르는 탁구공의 정점 하나 끝까지 기다리지 못할 만큼 급하게 살지 않아도 잘 살 수 있는 것을, 너무 성급하게 살아온 것은 아닌지 자꾸만 뒤를 돌아보게 된다.

전시회

전시회장에는 마스크 너머로 안경 낀 두 눈 속으로 마치 책의 내용이 국수 가락처럼 빨려 들어가고 있는 느낌을 주는 여인이 한 명 앉아 있었다. 어떤 방해도 거부하는 몸짓이 그대로 몸에 배어있는 자세로 바위처럼 앉아 있는 사람은 섬뜩하게 다가올 때가 있다.

발소리를 죽여가며 차 한 잔을 타서 들고 몇 번이나 둘러본 나의 작품들 앞에 조용히 다시 섰다. 하나하나가 다 그 안에 소설처럼 이야기가 꿈틀거리고 있다. 디자인하는 과정에서 있었던 일이 이야기로 들어 있기도 하고, 내용 선정 과정에서 있었던 일이 절절한 이야기로 새겨져 있기도 하다.

나무에 새로운 내용을 새기고 거기에 맞는 옷을 입히는 일은 만만한 일이 아니다.

바람이 차던 어느 날 아들이 내 곁을 떠났다.

'죽으면 살리라.'

성서에 나오는 이 구절을 안고 몇 날 며칠을 울었다. 죽으면 살

수 있는 세상이 있으면 좋겠다고 생각했다. 꼭 그런 세상이 아들에게 다가와 안아 줄 것 같았다. 힘찬 글씨 위에 어둡지 않은 색깔을 입혔다.

찬 바람이 다시 세차게 불어와 가슴을 휘감을 때는, '이 또한 지나가리라.'를 생각했고, 그래도 눈물이 나는 날은 '괜찮아, 괜찮아, 괜찮아.'하면서 나를 위로했다.

우리의 삶이 영원하지 않다는 깨달음을 주었고, 그것은 '지금 바로 여기'로 이어졌다. '덕분에' 위에다 밝고 환한 색깔을 입힐 수 있었던 것은 옆에서 걱정해 주고 함께 살아가는 사람들이 얼마나 내 삶을 가볍게 하는가 하는 깨달음 위에 감사의 마음이 깊어질 때쯤이었다.

'연비어약(鳶飛魚躍)'은 온갖 정성을 들여서 각을 하고, 색깔을 입혔으나 번번이 흡족하지 않았다. 엄청난 물감을 들여 몇 번 색을 반복해서 입힌 다음에야 마음에 들어와 앉았다. 보면 볼수록 색이 주는 미묘함에 빠져들게 하는, 색감의 세상이 넓다는 것을 보여준 고마운 작품이다.

사람들은 내용을 본다. 너무 무거운 말이나 어두운 말은 비켜 간다. '죽으면 살리라.'는 단어가 주는 어두운 이미지만으로 눈길을 오래 끌지 못했다. 볼수록 정이 가는 작품이라는 나의 생각과는 온전히 다른 시각으로 지나친다.

'백천학해(百川學海)'와 '관어해자난위수(觀於海者難爲水)'는 한자라는 무게감에 '모든 내는 바다를 배운다.', '바다를 본 사람은 다른 물을 물로 여기기 어렵다.'는 숨어 있는 내용의 무게감이 없힘으로써 색깔에 대한 감탄과 달리 눈길이 오래 머물지 못한다.

사실 사람들은 내용보다 먼저 색감에 눈이 간다. 어두운색보다는 밝은색 앞에서 오래 머물고, 단순한 색보다는 화려한 색깔에 마음이 끌린다. '덕분에'는 밝은 색감에다 내용도 마음을 가볍게 하는 것이어서 사람들이 다 좋아했다. 다양한 색으로 가볍게 새긴 소품, '복(福)' 자도 많은 이들이 가지고 싶어 했다.

1990년대 초, 문화회관에서 가난한 단체를 돕겠다는 자선 전시회가 열린 적이 있었다. 화가들이 그림으로 후원을 한 것이다. 내가 좋아하는 화가의 작품도 몇 점 걸려 있었다. 소나무를 그린 그림이었다. 바람이 심하게 부는 날인 듯 줄기가 부러질 듯 휘청이고 있었다. 검은색에 가까운, 가장 어두운 녹색이 나뭇잎의 주된 색깔로 드러나 보였다.

사람들은 그 생동감에 혀를 내둘렀다. 마치 바람 부는 현장에 서 있는 듯 온몸을 전율하게 했다. 검은 녹색으로 뒤덮인 캔버스 위에는 싸늘한 겨울이 그대로 녹아 있고, 금방 무엇이든 부숴버릴 것 같은 강력한 힘이 꿈틀거리고 있었다.

한 점 한 점 팔려나갈 때마다 전시장이 비어갔다. 밝고 화려한 그림부터 주인을 찾아가더니 마지막까지 그 화가의 작품은 남아 있었다. 나중에는 다 팔렸지만, 지금까지 강한 인상으로 남아 있는 작품이다. 지금도 그 그림과 색깔이 주는 강력함이 그대로 내 머릿속에 남아 있다.

사람들은 가볍고 밝은 것을 좋아한다. 깊이 있는 의미 앞에 서면 자신도 모르게 주눅이 든다. 세월을 살아 보면 가벼운 것은 나

자신도 가볍게 만든다는 것을 알게 된다. 일상성이 무게감을 가지기 위해서는 조금 더 무거운 것, 어두운 것에도 마음을 열어야 한다. 돈이 최고이던 시절, 인문학이 천대받으면서 우리도 천박해졌다는 것을 되돌아보면 그렇다.

언제부턴가 책에서 눈을 떼고 작품 속에 파묻혀 있는 내 속으로 걸어들어오는 여인의 마음이 내게 노크하고 있었다.

하루

해가 떠오르면 마음도 떠오른다. 흐린 날은 마음도 따라 흐리고, 맑은 날은 마음도 따라서 맑아진다는 게 신기하다. 사람의 마음에 따라서 작물들의 마음도 따라 흐른다는 생각이 들 때가 많다. 흐린 마음으로 다가가면 이파리가 늘어져 있다.

축생들도 그렇다. 주인의 눈치를 살핀다. 마음이 흐릴 때는 슬그머니 꼬리를 내리고 못 본 척 딴청을 피운다. 자기들을 부르면서 먹이를 들고 흔들면 그제야 자기도 모르게 신이 나는 모양이다. 꼬리를 흔들면서 다가오는 모습이 살갑다.

현관을 나서면서 진이 ─ 함께 사는 개 ─ 와 눈을 맞추고, 닭장 문을 열어주기 위하여 닭장으로 가는 일이 일과 중 제일 먼저 하는 일이다. 닭장에서 운동장으로 나가는 게 닭들에게는 활짝 기지개를 켜는 일이 아닐까. 서로 나가려고 우르르 나가는 모습에서 삶의 생기가 느껴진다.

수탉이 먼저 나가서 꾸꾸꾸 암탉들을 부르는 모습은 참 든든해 보여서 좋다. 자기가 먼저 먹지 않고 암탉들을 부르는 모습에는 의연한 정겨움이 배어 있다.

요즘은 밭에서 호미보다는 톱낫을 더 많이 든다. 꽤 자란 풀들을 잘라서 풀을 제거한 자리 위에 놓는다. 다시 풀이 나는 것을 막기도 하고, 자체로 삭아서 거름이 되기도 하는 일석이조(一石二鳥)의 의미가 담겨 있다. 가지런히 펴서 풀이 덜 나게 하고, 그 사이에 토마토를 심었다.

방울토마토는 아내의 제안에 따라 두 포기를 심었다. 손자들이 올 때마다 하나하나 따 먹는 재미를 느끼는 모습이 보기 좋았던 모양이다. 방울토마토는 따는 대로 입에 넣어도 부담스럽지 않다. 오히려 옷섶에다 쓱쓱 문질러서 먹는 것이 제맛이 날 때가 많다. 우리는 아침마다 굵고 싱싱한 토마토를 따다가 갈아서 먹는 것을 좋아하여 굵은 토마토를 여러 포기 심는다.

토마토는 볼 때마다 곁순을 따 주어야 한다. 곁순을 따주지 않으면 관리하기가 여간 어려운 게 아니다. 가운데 순이 올라오는 것을 보면서 자주 지주에 묶어주어야 한다. 흔들리지 않고 튼실한 토마토를 맺도록 도와주는 일이다.

토마토밭에서 눈길을 옮긴다. 완두콩이 다 익어서 탄탄한 꼬투리를 자랑처럼 드러내면서 손을 흔든다. 고추도 줄기가 부쩍 자라 휘청거린다. 버팀줄을 하나 더 매어주어야 할까. 강낭콩도 먼저 익은 것은 미리 좀 따주어야 할까. 마르기 전에 따서 까두는 게 싱싱한 강낭콩을 먹는 길이다. 감자도 곧 캐야 할 때가 되었다. 비가 오기 전에 캐는 것이 편할까 어떨까. 두어 포기 미리 캐 본 다음 판단해야겠다.

먼저 완두콩의 애절한 눈초리에 화답한다. 마른 꼬투리가 제법 있는 게 보이는 것을 보면 완두콩 수확이 가장 급하다. 아예 뿌리 위를 잘라서 한곳에 모아 꼬투리를 따는 게 편하다. 탱글탱글 익은 꼬투리를 보면 가슴이 뿌듯하다. 하나하나 따서 바구니에 넣는다. 다 딴 꼬투리는 저녁 여유로운 시간에 깔 수 있도록 거실에 가져다 두었다.

이제 고추밭 순서다. 줄 끝을 잡고 엇갈리게 고추 대공을 고정하면서 지주에는 튼튼하게 한 번 더 감아 준다. 이렇게 버팀 장치를 해주지 않으면 고추가 다 컸을 때 그 무게를 감당하기가 어렵다. 포기마다, 지주마다 한 번씩 감아 나가는 일도 쉬운 일이 아니다. 허리를 굽혔다 펴는 일이 포기 수만큼 반복되어야 하기 때문이다.

줄로 금방 고정했을 때는 나란히 정리가 된 것처럼 보여도 조금만 지나면 가지가 벌고 고추가 커지면서 다시 사람 손을 부른다.

강낭콩 몇 개를 따서 까본다. 탱글탱글한 것이 싱싱하게 눈에 와서 담긴다. 두어 개씩 아직 덜 익은 꼬투리가 눈에 밟힌다. 조금만 더 두었다가 줄기를 잘라서 꼬투리를 따야겠다고 생각한다.

감자순이 제법 감자가 익었다는 것을 보여준다. 싱싱하던 줄기가 생기를 잃고 비스듬히 눕기 시작하면 감자가 거의 익었다는 것이다. 두어 포기를 캐 본다. 제법 알이 굵었다. 굵은 감자가 대여섯 개씩 손에 잡힌다. 잔 감자도 귀여운 병아리처럼 큰 감자를 따라 뒤뚱뒤뚱 걸어 나온다. 내일이든 모레든 감자를 캐는 게 좋겠다고 판단한다.

오후 시간은 햇볕이 제법 따갑다. 들에 나가는 일이 쉽지 않다. 그런 시간에는 거실에서 쉬거나 책을 든다. 깜빡 10여 분, 길게는 30여분 정도 오수를 즐기는 것도 달콤하다. 길게 쉰다고 하여 개운한 게 아니다. 오히려 깊고 짧은 휴식이 훨씬 더 개운한 기분에 빠져들게 한다.

다양한 책을 대하면서 나이가 들수록 공부를 해야 한다는 생각이 깊어진다. 책을 읽고 이야기를 나누고 글을 써야 내 안으로 들어갈 수가 있다. 책과 대화, 글쓰기가 내 안으로 들어갈 수 있도록 해주는 열쇠다.

젊었을 때는 줄거리에 온통 마음을 빼앗기고 매달렸는데 나이가 들면서 보는 눈이 달라진다. 어떤 단어나 문장 하나 위에서도 넉넉히 앉아서 쉴 수 있을 만큼 여유가 생긴다. 나이 듦이 주는 넉넉함이다.

저녁에는 낮에 따 두었던 완두콩을 깐다. 텔레비전을 틀어놓고 보면서 까기도 하고, 음악을 들으면서 까기도 한다. 나는 이런 작은 일을 좋아한다. 완두콩을 까거나 강낭콩을 까거나 마늘을 까는 일 따위를 지루하다고 생각하지 않고 하염없이 이어간다.

하루가 다양한 일로 다양한 색깔을 가질 수 있다는 것은 행복한 일이다. 의도하지 않아도 새로워질 수 있는 계기를 제공하기 때문이다. 늘 비슷한 일을 할 때는 그 안에서 새로운 것을 찾기 위한 또 다른 노력이 필요하다.

학교에 근무할 때가 그랬다. 출근하고 가르치고 퇴근하는 비슷한 일정이 쳇바퀴처럼 돌아간다. 가르치는 내용, 아이들을 만나는 모습, 색다른 일과를 만들면서 그 안에서 의미를 찾지 않으면 지루해질 수 있다. 아이들에게 일기를 쓰라고 하면 쓸 게 없다고 한다.

"매일매일 똑같은데 뭐를 써요?"

내일은 오늘과 달리 감자를 캐야 할지 모른다. 나날이 달라지는 작물들의 변화가 내 삶에도 새로운 변화를 준다는 것이 행복하다.

3부

떠남이 남긴 빛

세월

　인생은 촛불을 닮았다. 늘 일정한 모습으로 변함없이 타오르지만, 주위 상황에 따라 갖가지 모습으로 반응하다가 결국은 희미한 촛농을 남기고 사라지는 촛불을 보면 우리 인생과 흡사하다.

　외풍이 심하면 다 타지도 못한 채 꺼져버리기도 하고, 중간쯤 타다가 사그라지는 경우도 있다. 다 타고 꺼지는 게 쉽지 않은 것도 인생과 닮았다.

　촛불이 초를 태우듯 인생은 세월을 태우며 산다. 유년에는 조용히 안 타는 듯 타다가 중년이 되면 제법 촛불처럼 강하다. 노년이 되면 꺼질 듯 꺼질 듯 이어지다가 질펀한 촛농을 남기고 조용히 꺼져버리는 촛불처럼 인생도 까무룩 잠이 든다.

　어린 시절, 종을 달아 놓았던 마을 공터에서는 자주 잔치가 벌어지곤 했다. 작은 일이라도 있을 때면 곧잘 풍물이 나오고 온 동네는 풍성한 소리와 넉넉한 먹거리, 신명 나는 춤이 마을 공터를 가득 채웠다. 우리는 덩달아서 어깨를 들썩이며 어른들이 노는 모습을 구경했다. 불혹의 나이를 갓 넘은 세월을 살고 계셨을 아버지는 상쇠로 꽹과리를 신명 나게 치셨고, 아버지와 비슷한 또래의 아저씨들은 뻣뻣한 몸을 이리저리 흔들며 신나게 공터를 도셨다. 아주머니들도 하나둘 아저씨들의 손에 끌려 나와 춤판에 함께 어울리면 마을 공터는 자주 온 동네 사람들이 함께 모이는 신명의 공간이 되곤 했다. 그때 만났던 나무토막처럼 뻣뻣한 어른들의 몸놀림이 아직도 내 머릿속에 생생하게 남아 있다.

일 년에 한두 번 직원들끼리 여행을 간다. 오래간만에 집을 떠난 홀가분한 기분에 술을 한잔하고 너울너울 춤을 추면서 즐기는 시간을 가질 때가 있다. 함께 뒤섞여 노는 자리에 서서 보드라운 풀잎처럼 산들산들 흔들리듯 춤을 추는 젊은이들의 모습을 보면 너무 예쁘다. 때론 물결 같기도 하고, 바람 같기도 하고, 폭풍, 혹은 폭포처럼 변했다가 다시 물방울처럼 영롱해지는 그들의 모습은 보면 볼수록 흐뭇하다.

한참 동안 그 속에 함께 있노라면 내 기분도 어느새 그렇게 젊어진다. 그들의 그 예쁜 동작을 따라 나도 몸을 움직여 본다. 기분이 좋다. 하지만 커다란 거울에 비치는 내 모습을 바라보노라면 거기에 여지없이 흘러간 세월이 있다. 뻣뻣했던 옛날 아버지 또래의 아저씨 모습을 거기서 만난다. 그 옛날 종대거리에서 춤을 추시던 아버지들의 그 뻣뻣함을 벌써 내가 살고 있다는 생각을 하면서 술이 확 깨는 것을 느낀다.

초등학교 시절, 이미 쉰에 가까운 연세로 사셨던 아버지 어머니는 내가 통지표를 가지고 오면 멀찍이 통지표를 떼어서 떠듬떠듬 읽으셨다. 그것을 보는 내가 답답해서 도로 빼앗다시피 가지고 와서 후다닥 읽어드리곤 했던 기억이 새롭다. 국어 100점, 산수 100점, 사회 100점…….

"우리 아들 참 잘했구나!" 하시며 다시 가지고 가셔서 마치 암기라도 하실 듯 다시 떠듬떠듬 읽어 나가시던 모습이 지금도 눈에 선하다.

요즘 책을 읽으려면 책이 자꾸만 내 눈에서 멀어진다. 의도적으로 책을 앞으로 당겨 보지만 글씨가 아른거려 읽을 수가 없다. 문득 나도 아버지가 사셨던 그 세월을 걸어가고 있다는 생각이 들어서 허탈한 마음으로 고개를 들면 세월마저 뿌예져 앞이 잘 보이지 않는다.

세월을 태우면서 살다가 어느 날 슬며시 까무러지는 촛불처럼 우리의 인생도 그렇게 타들어 간다. 의미 없이 살다 가는 인생은 없겠지만 좀 더 알찬 인생은 아무래도 얼마나 많은 사람의 인생을 밝혀주는 촛불이었는가에 달려 있지 않을까. 자기만을 위해 태운 세월은 결코 아름다울 수 없다. 어쩌면 남의 길을 비추면서 끝까지 흔적도 없이 고스란히 타버리고 자신의 모습마저 찾을 수 없게 되는 것, 그게 가장 아름다운 인생이 아닐까 하는 생각을 해 본다.

빈방

"하룻밤 묵어 갈 수 있을까요?"

내가 어릴 때 우리 집에는 방이 두 개밖에 없었다. 자그마한 방 하나는 할머니가 쓰시고 나머지 방 하나를 온 식구가 다 함께 썼다. 아버지, 어머니, 첫째 형, 둘째 형, 셋째 형에다 나까지 여섯 명이 한방을 썼다는 게 도무지 믿어지지 않는다.

내가 일곱 살이 되었을 때 드디어 큰형이 장가를 가면서 아랫방을 새로 하나 들였다. 아랫방, 그 옆에는 곡식을 넣어두는 뒤주-내가 어릴 때는 보통 두지라고 불렀다-, 그 옆에 외양간이 있었고, 그 뒤편에 뒷간이 있었다.

늘 방은 북적였고 빈방으로 남아 있었던 적은 한 번도 없었다. 하지만 우리 집에 손님들이 자주 묵어갔다. 제일 기억에 남는 손님이 제주에서 유채꿀을 팔러 오는 아주머니들이었다. 양철통에다 꿀을 가득 담아 머리에 이고 다니면서 팔다가 하루해가 저물면 하룻밤 묵을 곳을 찾았다. 자주 그런 분들이 우리 집에서 묵어간 기억이 있는 것을 보면 아마 어머니는 인심이 후하셨던 모양이다. 꿀 아주머니가 다녀가면 코딱지만 한 골방 찬장에 있던 꿀단지가 가득 채워지곤 했다.

사주를 보는 아주머니가 묵어간 적도 있고, 참빗, 얼레빗 등을 팔러 다니는 아주머니가 묵어간 적도 있었다. 그러고 보니 우리 집에 묵어간 사람들이 거의 여성들이었던 것을 보면 혼자 계시는 할머니 방이 그들에게는 편하게 묵어갈 수 있는 공간이었던 모양이다.

옛날에는 빈방이 있으면 필요로 하는 나그네에게 기꺼이 편의를 제공했다. 그게 전통으로 내려오는 우리네 인심이었다. 우리 집에는 빈방이 없었지만, 함께 쓰면서도 불편해하지 않는, 게다가 식사까지 배려하면서 기꺼이 하룻밤 편의를 제공하는 데 인색하지 않았다.

하지만 이제 세상이 달라졌다. 빈방이 있어도 낯선 사람들에게 내주는 법이 없다. 잘 모르는 사람이 오면 문도 열어주지 않는다. 그만큼 각박해지고 비인간화된 세상에 살고 있다. 사는 공간 속에는 빈방이 남아돌지만, 마음속에는 빈방이 전혀 존재하지 않을 만큼 비좁게 살고 있는 건 아닐까. 다른 사람을 내 마음속에 들일 빈방이 전혀 없는 것일지도 모른다.

성탄절이다. 2000년 전 예수가 이 세상에 태어난 것을 기념하는 날이다. 요셉과 성모 마리아가 예루살렘을 여행하다가 빈방을 찾지 못하고 헤맨다. 결국 마구간을 얻어서 하룻밤을 묵어가기로 하는데 거기서 해산을 하게 되고 말 먹이통, 구유가 아기의 요람이 된다. 그 아기가 바로 예수다.

이 세상을 죄에서부터 구원하기 위하여 왔다는 예수의 탄생은 참으로 아이러니하다. 왕자도 아니고, 엄청난 재산을 가진 부자의 아들도 아니다. 빈방 하나 얻지 못하여 마구간에서 태어난 보잘것없는 사람이 바로 예수다.

빈방 하나 없이 마구간에서 태어난 예수는 2천 년이 지난 지금까지 헤아릴 수 없이 많은 사람들에게 빈방을 제공한다. 살맛을 잃은 사람들에게 일어설 힘을 주고 가난한 사람들에게 안식처를 제공한다.

살아가면서 적어도 가슴 속에 빈방 하나 정도는 가지고 살면 좋겠다. 나를 필요로 하는 사람들에게 훈기가 되어 줄 수 있는 비어 있는 방 하나가 그들의 마음을 녹이는 행복한 공간이 될 수 있지 않을까. 어쩌면 나도 차가운 바람이 휑한 어느 날 그들의 빈방을 타박타박 찾게 될지도 모르는 일이다.

색깔

　나는 색깔 있는 사람이 좋다. 자기만의 고유한 색깔로 자기의 삶을 사는 사람들이 좋다. 사람에 따라서 색깔은 다양하게 드러난다. 따뜻한 살굿빛 삶을 사는 사람이 있는가 하면, 바다처럼 푸른 사람이 있다. 들판처럼 가슴이 너른 초록빛 인생을 사는 사람이 있는가 하면 무거운 가슴으로 까맣게 사는 사람도 있다.

　같은 푸른색이라도 바다색이 다르고, 하늘색이 다르다. 풍덩 뛰어들어도 얼마든지 안아줄 것 같은 바다색은 어떤 때는 이불 같기도 하고, 때로는 침대 같기도 하다. 하늘색은 넉넉하여 언제 다가가도 부드러운 여인의 체온을 닮았다. 같은 초록이라도 산의 색깔과 들의 색깔이 다르다. 산의 초록은 그윽하여 다가가는 사람을 언제나 반긴다. 들은 연한 초록으로 언제든 웃는 빛으로 반기던 할머니의 미소를 떠오르게 한다.

　마음이 따뜻한 사람은 밝은색으로 느껴진다. 엄마는 늘 붉은색 그 언저리 어디쯤 앉아 계셨다.

"나는 먹었다. 너나 많이 먹어."

형들이 다닐 때는 관심도 없던 학교에 '할매' 소리를 들으면서도 자주 들리셨다. 공부 잘하는 반장, 막내아들이 대견하셨나 보다. 할매 같은 엄마 손을 잡고 시장 바닥에 앉아서 그 좋아하던 찰떡을 허겁지겁 입속으로 마구 구겨 넣었던 어린 시절, 그런 철없던 나를 미소로 가만히 지켜봐 주시던 늙은 어머니가 계셔서 참 따뜻했다.

"아이들은 계란후라이로 밥을 덮어오던데……."

고등학교 시절, 지나가는 말처럼 흘렸는데도 그때는 그리 흔하게 먹지 못했던 계란후라이를 도시락에다 따뜻하게 덮어 주셨던 그 마음을 잊지 못한다.

경주에서 근무하다가 주말에 다니러 오는 나를 위하여 시장에서 제일 굵은 골뱅이를 사다가 맛있게 국을 끓여 놓고 하염없이 기다리시던 어머니의 정성은 지금도 가슴을 따뜻하게 한다.

아버지는 갈색 정도의 무게감 있는, 포근한 색깔로 내 가슴에 남아 있다.

배가 아파서 숨도 제대로 쉬지 못하는 나를, 말없이 자전거에 태우고 가서 불 꺼진 병원문을 쿵쿵쿵 두드리시던 그 손의 무게는 지금도 잊지 못하는 중량감으로 내 가슴을 울리고 있다.

가물가물한 어둠 속에서
반딧불이처럼 깜빡이는 담뱃불
논둑으로 이어진 길을 따라

봇도랑을 건너고
더듬어 더듬어 간
새봇들 너 마지기 논배미
아부지요!
대답보다 밭은 기침소리가
더 아버지다
한 모금 더 쿨룩쿨룩 내뿜는 담배연기에
훈기가 돈다
구수한 아버지 냄새
물꼬를 다시 보고
지게를 지시는 아버지를 따른다
아버지가 가시는 길은
전혀 좁지 않다
전혀 어둡지 않다
아버지가 밟으신 곳만 밟아
깡충깡충 따라가는
너무 행복했던 귀가길
<졸시 '아버지' 전문>

　아버지는 늘 저녁 늦은 시간까지 들판을 지키셨다. 마중을 나가
다가 기다리기를 반복하면서 결국은 논까지 갔던 날이 자주 있었
다. 아버지 뒤를 따르면서 아버지가 앞에 가고 계신다는 것만으로
마음이 든든했던 어린 시절이었다.

온통 마을 잔치처럼 떠들썩하던 초등학교 운동회날은 조용히 나를 불러서서 자그마한 손에 10원짜리 하나를 쥐어 주고는 어디론가 슬그머니 사라지셨다. 중학교 학생회장이 되었다고 친구들의 축하 자리에 간다고 했을 때, 알뜰하기로 소문난 아버지가 가장 큰 마음을 내셨다. 자그마치 700원을 묵직하게 내주셨던 기분 좋은 기억을 지금도 잊을 수가 없다. 그때 커다란 찐빵 하나가 2원을 할 때였으니까 아버지의 선뜻 드러나지 않는 기분을 미루어 짐작할 수 있다.

이웃에 은은한 바다색 아주머니도 사셨고, 날아갈 것처럼 밝은 연둣빛 아저씨는 우리가 살던 집을 사서 한동안 사셨던 인연으로 다른 이웃보다 훨씬 더 가까운 기억 속에 남아 있다. 아주머니는 고구마 하나라도 찌면 꼭 담 너머로 접시를 넘기셨고, 아저씨는 늘 웃는 모습으로 칭찬을 아끼지 않으셨다.

나는 파스텔색의 연한 하늘빛을 만나면 안쓰럽다는 생각이 먼저 든다. 바로 위의 형이 그랬다. 세 살 차이가 나는 형은 늘 욕심 많은 내게 밀렸다. 공부에서도 밀렸고, 바둑에서도 밀렸다. 조금 더 잘하는 것마저도 다 양보했다. 이길 때까지 하자고 덤벼드는 나를 당할 수가 없었으리라. 어른이 되어 벌인 사업마저 어려워지면서 이런저런 일을 전전하던 형의 인생은 뚜렷하지는 않지만 참으로 부드러운 파스텔 색깔의 하늘빛을 닮았다.

나는 주황색을 가장 좋아한다. 환한 미소 같기도 하고, 햇살이 내리꽂히는 광장 같기도 하다. 한여름 햇빛처럼 열기가 뜨겁게 느껴지기도 하고, 끊임없이 타오르는 열정 같아서 좋다.

내가 만난 사람 중에 주황색을 닮은 사람들이 여럿 있다. 환한 미소를 닮은 사람이 있고, 환하게 너른 가슴을 지닌 사람이 있는가 하면, 타오르는 열정으로 어떤 삶이든 뜨겁게 받아들이는 친구가 있다. 같은 주황색이라도 다 다르다. 농도가 다르고 채도가 다르다.

저마다의 색깔을 가지고 세상을 살아가다 보면 나다니엘 호오도온의 소설에 나오는 '큰 바위 얼굴'처럼 자기도 모르는 사이에 자기만의 아름다운 색깔을 지니게 되리라 믿는다. 오늘도 자기의 색깔을 자기의 삶 위에 아름답게 칠하면서 살아가는, 다양한 사람들의 다양한 색깔들이 세상을 조화롭게 물들이고 있을 것이다

두 나무

장마철이면 주황색 구슬처럼 살구가 마당에 뚝뚝 떨어졌다. 살구를 주워 먹고 나면 곧 포도가 익었다. 속이 환히 들여다보일 듯 청아한 연둣빛 청포도가 익어가는 것을 보는 일은 눈도 호강하는 일이었지만 군침이 먼저 도는 일이었다.

어릴 적 우리 마당에는 살구나무와 포도나무가 함께 살았다. 그때의 내 품으로 재었을 때는 아름드리라 할 만큼 굵게 자란 살구나무였다. 그 바로 옆에 굵은 포도나무가 구렁이처럼 살구나무를 감고 올라가 살구나문지 포도나문지 분간이 어려울 정도로 온통 살구나무를 뒤덮었다. 가지치기라고는 몰랐던 시절이어서 그냥 자라는 대로 살구나무를 덮고, 그것도 모자라 땅으로 척척 늘어지는 가지들이 다시 살구나무로 올라가도록 긴 장대로 올려주고는 했다.

둥치로 보면 살구나무가 중심이어서 포도살구나무가 맞는데, 뒤덮은 무성한 가지나 잎으로 보면 오히려 살구나무를 디디고 올라선 포도나무가 훨씬 눈에 띄어 살구포도나무라고 하는 게 어울릴 것 같았다. 두 나무는 한 나무인 듯한 두 나무였고, 두 나무인 듯한 한 나무였다. 각각의 속성에 충실하면서도 함께 어우러지는 것을 싫어하지 않았다.

두 나무는 다정하게 어깨를 걸고 밝게 살았다. 매년 살구는 넉넉하게 열렸고, 포도도 주렁주렁 달렸다. 간식거리가 턱없이 부족했던 시절이었지만, 여름만 되면 살구와 포도로 우리 가족은 입호강을 했다. 장마철이면 굳이 장대로 흔들지 않아도 비가 내리는 질척한 마당에 주황색 살구가 수북이 떨어져 우산을 쓰고 가서 주우면 한 바가지씩 간식거리가 생겼다. 포도는 좀 다르다. 나무 위로 올라가지 않으면 딸 수가 없었다. 포도 넝쿨은 약해서 밟고 오를 수가 없고, 살구나무를 딛고 오를 수밖에 없는데, 살구나무는 그것을 묵묵히 받아들였다.

포도는 손님 접대용 과일로 종종 쟁반 위에 올랐고, 우리 친구들은 혹시 자기를 불러주지 않을까 군침을 흘리면서 내 눈치를 살폈다. 언제 한 번 두 친구를 살구나무로 초대한 적이 있었다. 나무 위에 오르는 것 자체가 재미있는 놀이인 데다가 맛있는 포도가 주렁주렁 달려 있었으니 얼마나 행복했을까.

엄마는 가끔 포도를 따기 위하여 나를 살구나무로 올려보내셨다. 탐스럽게 익은 포도를 조심스럽게 따서 작은 바구니에 담아 내리면 엄마가 밑에서 받으셨다. 커다란 양동이에 하나 가득 따가지고 손질을 한 다음 장날이 되면 이고 가서 팔았다. 맛이 좋은 청포도라서 파는데 긴 시간이 걸리지 않았다. 청포도는 고등어가 되어서 돌아오기도 하고, 꽁치가 되어서 돌아오기도 했다. 그날 저녁은 포도 덕분에 엄청 풍성한 저녁 밥상 앞에 앉아서 다들 행복해했다.

두 나무는 과일로 우리를 행복하게 하기도 했지만, 그늘로도 한 몫을 했다. 살구나무만 있으면 가지 사이로 햇빛이 들어올 수도 있었지만, 그 위에 포도 넝쿨이 얹힘으로써 그늘이 훨씬 짙었다. 두 나무 그늘은 감자를 긁거나, 옥수수를 까는 엄마의 노동 장소가 되기도 하고, 새끼를 꼬거나 둥구미를 만드는 아버지의 노동을 편하게 하는 요긴한 자리가 되기도 했다. 가끔은 점심을 나누는 식탁이 되기도 하고 둘러앉아서 간식으로 찐 감자를 먹으면서 온 식구가 행복해지는 시간을 제공하기도 했다.

무엇보다 소중했던 것은 거기가 할매들의 한담 장소가 되기도 하고, 엄마들이 수다를 떠는 자리가 되기도 하여 사람들의 맺힌 마음을 비우는 자리가 되었다는 것이다. 사람들이 많이 모이는 동수나무 밑은 깊은 이야기를 나누기에는 너무 휑하다. 두세 명이 모여서 깊은 이야기를 나누고 쓰다듬기에는 우리 살구나무, 포도나무 밑이 적격이었을 것이다. 가끔은 엄마 혼자서 손일을 하면서 탄식조로 중얼거리며 눈물을 흘리던 자리도 거기였다.

두 나무는 이렇게 사람들의 비밀 이야기들을 들으면서 킥킥거리기도 하고 함께 눈물을 흘리기도 했을 것이다. 하지만 어디에도 발설하지 않는 묵묵함으로 이들을 감싸 안았다.

후에 알게 된 내용이지만 나무가 한자리에 서서 가만히 있는 것 같지만 옆에 서 있는 나무에게 위험을 전달하기도 하고 여린 새끼 나무에게 양분을 전달하기도 한다는 이야기는 감동적이었다. 내가 살구나무, 포도나무와 살았던 그 시간 동안 그들과 삶을 나누고 교감하면서 살았다는 생각이 들었고 그들은 그들끼리 나누면서 살았다는 생각이 들면서 다시 한번 보고 싶다는 생각이 강하게 밀려온다.

진밭골 추억

"엄마, 나는 안 가여."

"엄마 혼자 가는데 가서 친구도 해주고 하만 좀 좋아여."

"싫어. 나는 밭 매는 기 젤 싫어여."

"알았어. 엄마 혼자 갔다 오께."

나는 좋아라고 구슬과 때기(우리는 딱지를 이렇게 불렀다.)를 챙겨서 놀고 있는 친구들 속에 파묻혔다.

나는 정말 밭매기를 싫어했다. 차라리 모심는 것을 좋아했다. 못줄을 튕겨놓고 일렬횡대로 서서 모를 심는 일은 변화가 있어서 좋았다. 한 줄 다 심고는 일어서고, 일어서서 "줄 넘기고!"하는 소리가 우렁차게 퍼지면 제일 가에 서 있는 두 사람이 못줄을 넘긴다. 다시 허리를 굽혀 다음 줄을 심어 나가는데, 한 줄 한 줄 넘어갈 때마다 눈에 띄게 심어야 할 논배미가 줄어 들어갔다. 게다가 흥이 많은 모꾼이 노래 한자락이라도 뽑는 날이면 나도 모르게 어깨가 들썩거리며 신이 났다.

처음부터 모를 심을 수 있는 것은 아니다. 처음에는 모춤을 날라서 모꾼들이 모를 심기 좋게 해주는 일부터 해야 한다. 모를 모춤에서 빼기 좋게 자꾸만 가까이 갖다주는 일도 예삿일이 아니다. 잘못 갖다 놓으면 모꾼들의 성화가 이만저만이 아니기 때문이다. 거기서 한발 더 나아가면 잘 심는 모꾼들 사이에 들어가서 조금씩 심을 수가 있다.

왼손에 쥘 수 있는 만큼 모를 쥐고, 오른손으로 네 개 혹은 다섯 개씩 빼서 못줄 눈에 맞게 넘어지지 않을 만큼 살짝살짝 심어 나가야 한다. 너무 살짝 심으면 모가 물 위에 뜨고, 깊이 심으면 활착이 좋지 않다고 아버지는 몇 번씩이나 주의를 주고는 하셨다. 꾸중을 들으면서도 어른들 사이에 끼어 모를 심으면 나도 부쩍 어른이 된 것 같아서 그들과 함께 모를 심는 것을 좋아했다.

밭매기는 모심기와는 다르다. 긴 이랑 앞에 앉으면 한숨부터 나온다.

'언제 저 끝까지 다 가여?'

게으름을 피우면서 이랑을 하나둘 세고 앉았으면 "게으른 놈 밭고랑 신다카디만, 니가 그 짝이구나."하시는 어머니의 꾸중이 여지없이 떨어진다. 어머니는 어쩌면 속도가 그렇게 빠른지 두 골을 매시면서도 한 골을 매 나가는 나보다 훨씬 앞서 나가신다.

이랑이 짧은 곳은 그래도 나았다. 진밭골처럼 산을 개간해서 길게 만들어 놓은 밭은 한 골을 매려면 한나절은 걸리는 듯했다. 게다가 비탈밭이라서 몸의 균형을 잡기도 여간 어려운 일이 아니다.

주로 콩밭, 고추밭, 깨밭, 고구마밭, 감자밭들을 맸는데 차라리 소를 하는 게 낫다는 생각을 자주 했다. 앉아서 밭매는 일을 싫어하던 나는 지게를 지고 앞에서 끌고, 어머니는 쟁기를 잡으셨다. 콩이나 참깨는 바람에 쓰러지기가 쉬워서 늘 고랑의 흙을 파서 북을 주곤 했다. 쟁기가 한 번 지나간 다음에는 허리만 약간 숙인 채 부드러워진 흙을 왼쪽은 손으로 오른쪽은 호미로 북을 주면서 거의 뛰다시피 나가면 일을 훨씬 빨리 끝낼 수가 있었다.

한참 정신없이 놀고 있는데 비가 후둑후둑 듣기 시작한다. 구슬을 하나라도 더 따려고 안간힘을 쓰면서 보슬비는 오든 말든 구슬따기에 정신을 팔고 있다가 결국 장대비를 맞고서야 집으로 쫓겨 들어갔다.

가만히 마루에 앉아서 생각하니 산등성이 두 개 너머에 있는 진밭골에서 혼자 계실 어머니가 걱정되기 시작했다. 갑자기 바위같이 큰 늑대가 입을 떡 벌리고 다가서기도 하고, 옛날이야기에 나오는 호랑이가 어슬렁어슬렁 어머니 주위를 맴돌기도 한다.

'그냥 있어서는 안 되겠다. 엄마를 구해야 되겠다.'

장대비를 뚫고 순식간에 산등성이 두 개를 넘었다. 오로지 어머니를 구해야 한다는 일념으로. 하지만 밭에는 몇 이랑을 매시던 흔적만 남아있을 뿐 어머니는 계시지 않았다. 더욱 불길한 예감이 머리를 휘감고 돌았다.

'암만 바빠도 매시던 골을 다 매지도 않고 가시지는 않았을 낀데, 무슨 일을 당하시도 당하신 기 분명해여. 오민서 만나지도 못한 걸 보만 정말 그래여.'

진밭골이 울리도록 엉엉 울면서 가던 산등성이를 되짚어 넘어왔다. 옷은 흠뻑 젖고, 얼굴은 눈물, 콧물, 빗물이 뒤섞여서 꼴이 말이 아니었다. 하지만 어머니가 당하신 일에 비하면 그건 큰 문제가 안 되는 일이었다.

'같이 갔어야 하는 긴데.'

후회해 봐야 이미 소용없는 일이었다. 한 발 한 발 내딛을 때마다 후회와 엄마 없는 서러움이 교차 되어 발걸음을 더욱더 무겁게 했다. 평소에 안방처럼 다니던 길인데도 자꾸만 풀에 걸려 넘어지려고 비틀거리기도 하고, 가시에 긁히기도 했다.

물에 빠진 생쥐 꼴을 하고 집에 들어서니 어머니는 부엌에서 저녁 준비를 하고 계셨다.

"어, 엄마! 어데 갔었어?"

눈물을 훔치면서 물었다.

"가기는 어데를 가여. 밭에 갔다 왔지."

"밭에 가께 없던걸."

"싱굽기는. 밭에 머하로 가여?"

"…………"

"그께 같이 가자고 할 때 같이 가지. 얼릉 옷이나 갈아입어."

어머니는 다른 밭이 걱정이 되어 그 밭에 들렀다가 오시느라고 나와 길이 어긋났던 모양이다. 진밭골을 가려면 자그마한 오솔길을 걸어 한참을 가야 한다. 능선 두 개를 넘으면 거기에 개간해 놓은 기다란 밭이 있고, 주로 콩을 심었다. 밭 중간에는 커다란 바위가 있어서 비 오고 어두운 날은 마치 짐승 한 마리가 웅크리고 있는 듯하여 놀라곤 했다. 깊은 산골이라 한국전쟁 때는 우리 식구가 피난을 가서 몇 날을 묵기도 했다는 곳이다. 가끔은 소를 몰고 풀을 뜯기러 가기도 하고 꼴을 베러 형과 함께 가기도 했던 곳이기도 하다. 어릴 때의 여러 가지 추억을 담뿍 머금고 있는 곳이 바로 진 밭골이다.

작년에 한가위를 쇠러 고향에 갔다가 문득 진밭골이 가 보고 싶었다. 혼자서 추억을 더듬으며 길을 찾았다. 하지만 길은 다 막히고 없었다. 나무들이 우거지고 잡목들이 뒤엉켜 앞으로 나갈 수도 없었다. 길도 없어지고, 밭도 없어지고, 그 밭을 매시던 어머니마저 저세상으로 데려간 세월이 서글펐다. 하지만 아직도 눈을 감으면 시퍼런 콩대처럼 살아있는 진밭골은 나를 이 만큼 키워준 또 하나의 어머니라는 생각을 자꾸만 하게 된다. 나를 키워준 아름다운 선물이다.

조청 누룽지

보리에다 물을 끼얹어 삼베보자기로 덮어 놓으면 파란 싹이 돋는다. 그걸 다시 말려서 빻으면 엿기름이 된다. 고향에서는 그것을 '엿질곰'이라고 했다. 엿기름은 단술의 당도를 높이게 하는 역할을 한다. 보리가 그런 속성을 가지고 있다는 것을 어릴 때는 전혀 눈치채지 못했다.

보리는 가을에 간다. 벼를 베어낸 논이나 밭에 씨를 뿌린다. 쟁기로 땅을 갈아서 적당히 말린 다음 몽둥이 써레로 흙을 곱게 부순다. 그 위에 보리씨를 흩뿌린다.

내 기억 속에 진하게 남아있는 몽둥이 써레로 대변되는 보리 씨 넣기는 가을 농사의 마지막 순서를 장식한다. 몽둥이를 몇 개 엮어서 그 위에 무거운 돌을 얹어 무게를 유지하게 하지만, 가끔은 나와 형이 그 위에 돌 대신 타기도 했다. 흙먼지를 마시면서도 덜컹거리며 가는 몽둥이 써레의 자유로운 몸짓에 온몸을 맡기고 마냥 깔깔거리면서 논을 누비던 어린 시절이 있었다.

겨울이 추워서 잘 견디라고 계획적으로 보리밭 밟기가 이루어졌을 만큼 보리가 거의 주식이었다. 초등학교 시절만 하더라도 집이 가난했던 우리는 거의 꽁보리밥을 먹었다. 봄이 되면 파란 새싹이 논밭을 뒤덮고, 오월이면 보리 이삭이 올라온다. 유월이면 색깔이 누렇게 변하면서 익어가기 시작한다.

다 익은 보리를 베어서 말린 다음 마당으로 보릿단을 옮긴다. 마당에 돌확을 엎어 놓고 보릿단을 거기에 둘러메쳐서 털었다. 보리까끄라기가 온통 아버지 땀구멍마다 꽂혀 있는 모습은 보는 것이 오히려 더 까끄라웠다. 보리를 넣은 가마니가 두지(뒤주)에 쌓이면서 우리 마음도 넉넉해졌다. 하지만 보리밥은 거칠고 미끌미끌한 것이 도무지 내 입맛을 돋우지 못했다.

보리는 방아를 찧어서 이렇게 주식으로 당당히 밥상의 중심을 차지했다. 엿기름으로 만들어서 단술을 빚거나 조청을 만들 때도 요긴하게 썼다는 것은 조청을 먹으면서도 몰랐다.

엿기름을 삼베보자기에 올린 다음 적당히 물을 잡아 거른다. 고두밥을 쪄서 그 물과 섞는다. 그것을 가마솥에 넣고 은근히 불을 지피면서 기다리면 단술, 곧 식혜가 된다.

정지에 걸쳐 있는 서까래에 넓은 삼베 보자기를 걸고, 그 밑에 커다란 그릇을 놓은 다음 삼베 보자기에다 단술을 부으면 건더기는 남고 물만 밑으로 빠진다. 매매 짜서 가마솥에 붓고 은근히 끓인다. 물기가 증발하면서 점점 더 찐득해진다.

보통 조청은 설이나 추석을 앞두고 엄마가 하는 행사 같은 일이었다. 금방 끝낼 수 있는 일이 아니라 느긋하게 앉아서 기다려야 하는 일이어서 하루가 꼬박 걸리는 게 다반사였고, 자정을 넘기기가 일쑤였다.

조청 누룽지를 좋아하던 나는 졸린 눈을 비비면서도 엄마 곁을 떠나지 않았다.

"잠깐 불 좀 보고 있거래이. 불이 시만 안 돼여. 꼭 쫄가리만 너야 된대이."

다른 볼일이 있을 때 엄마는 내 작은 손을 빌렸다. '쫄가리'는 나무의 잔가지를 말했다. 굵은 둥치를 넣으면 불이 달아서 조청이 탈 수가 있다. 잔가지를 조금씩 넣으면서 은근히 끈기를 가지고 기다려야 한다.

마지막에는 나무 주걱으로 계속 저어주어야 눋지 않는다.

"쉬지 말고 저어래이. 조창이 눌으면 안 돼여."

잠시 내게 주걱을 맡기고도 안심이 되지 않을 때, 엄마는 입으로라도 젓기를 멈추지 않으신다. 수시로 조청을 떠서 주루룩 내리면서 조청의 굳기 정도를 가늠하는 일이야말로 엄마의 전문성이 필요한 부분이었다. 조금 빠르면 너무 묽어서 조청 맛이 나지 않고, 너무 굳으면 숟가락이 들어가지 않을 정도로 굳어 조청을 다루기가 어려워져서 효용성이 떨어진다.

나는 그런 것에는 관심이 없었다. 오로지 조청 누룽지에만 마음이 가 있었다. 빨리 조청이 완성되고 가마솥 언저리에 붙어 있는 조청이 온전히 내 차지가 되기만을 기다리는 것이다.

드디어 엄마의 판단이 떨어지면 가능한 한 빨리 다른 그릇에 퍼서 담아야 한다. 그 시간이 짧을수록 조청의 허실이 덜 간다. 반대로 나는 조금 더 남기라고 떼를 쓴다. 엄마는 웃으면서 알았다고 하면서도 자꾸만 퍼서 그릇에 담는다. 그 모습이 야속하기 짝이 없다.

드디어 내게 주걱이 건너오면 조금 더 기다렸다가 가마솥 언저리에 붙어 있는 조청 누룽지가 누릇누릇 굳었을 때 박박 긁는다. 주걱으로 안 되면 숟가락으로 긁으면서 손톱만큼도 남기지 않으려고 안간힘을 다 쓴다. 단맛에 고소한 맛이 얹혀 있는 조청 누룽지를 돌돌 말아서 사탕처럼 입에 하나 가득 넣고서야 그때까지 기다린 보람을 만끽하며 흐뭇했다.

조청이 되어가는 과정을 생각하면서 우리가 다양하게 나이 들어가는 모습을 만난다. 나는 어린아이나 어른이나 다 좋아하는 달고 고소한 조청 누룽지로 늙어가고 싶다.

흉터

정현종 시인은 '방문객'에서 '사람이 온다는 건 실은 어마어마한 일이다. 그는 그의 과거와 현재와 그리고 그의 미래와 함께 오기 때문'이라고 읊고 있다.

굳이 정현종 시인을 들먹일 필요도 없이 내 일상 속으로 누군가가 걸어들어오는 일은 늘 신명 나는 일이다. 명절이거나 어떤 가족 행사가 다가올 때, 내용보다는 누군가를 만나게 된다는 사실이 더 가슴을 설레게 했다. 그날은 큰 명절은 아니었다. 아마 지나가는 길에 가볍게 들렀을지도 모르겠다.

나보다 열 살쯤 나이가 많은 사촌 누나가 왔다. 내가 대여섯 살 때였으니까 누나는 열 대여섯쯤이었을 것이다. 친구들과 놀다가 누나가 온다는 소리를 듣고 숨이 턱에 닿을 정도로 뛰어 집으로 들어왔다. 누나를 보는 순간, 너무 좋았다. 반가운 마음에 누나 쪽으로 천방지축 뛰어가다가 봉당에 발이 걸리면서 부엌문에 머리를 부딪치고 말았다.

이마에서 피가 흘렀다. 아픔보다 쑥스러움이 더 컸던 모양이다. 울지도 못하고 고운 흙을 얹어서 피를 멎게 하고는 아무렇지도 않은 듯 다시 히히 웃었다.

제법 흉터가 생겼다. 지금은 눈을 크게 뜨고 보아야 보일 정도로 희미해졌지만 어릴 때는 제법 뚜렷하게 남아 있었다. 평생 계급장처럼 달고 다녔다.

흉터를 볼 때마다 그때 누나를 보면서 끓어 넘치던 기쁨이 파도처럼 밀려온다는 게 참 신기하다. 아마 고통으로 남아 있었더라면 그 흉터를 감추려고 온갖 방법을 다 생각하지 않았을까.

이제는 할머니가 되어버린 누나지만 내 흉터 속에서 열여섯 꽃다운 나이로 살아 있다. 그런 누나를 향하여 기쁘게 달려가고 있는 내 모습도 여전하다.

내가 어렸던 시절에는 어린아이들도 다 일을 했다. 제일 좋아했던 일이 소를 뜯기는 일이었다. 소를 몰고 냇가로 나가 소를 풀어놓은 다음 미역을 감거나 아이들과 놀다 오면 되는 일이었기 때문이다.

하지만 늘 그렇게 여유로웠던 것만은 아니었다. 소를 몰고 나가는 어깨에 낫을 담은 다래끼 하나 정도는 걸리는 게 보통이었다. 지게를 지고 나가는 것보다는 가벼운 일이어서 불만이 없었다.

노는 게 급해서 다래끼를 까맣게 잊어버리고 있다가 해가 뉘엿뉘엿 서산으로 넘어가는 것을 보면서 후다닥 다래끼를 울러멘다. 급하게 풀이 있는 곳을 찾아가서 다래끼를 채우다 보면 가끔 뿌리까지 달려 올라올 때가 있다. 뿌리를 쳐낸다는 것이 손가락을 쳤던 모양이다. 낮에 베인 약지 끝마디가 반쯤 잘려서 덜렁거리고 있었다. 피가 솟구쳤다. 다래끼 어깨끈으로 되어있던 헝겊을 잘라내어서 손가락을 묶었다.

손가락을 벤 탓에 다래끼를 덜 채워도 용서가 되었다. 쯧쯧쯧 엄마는 혀를 차시면서 나뭇가지를 잘라 손가락에 부목으로 대어주셨다. 밀을 베다 보면 어느새 부목은 튕겨 나가고 다시 상처에서는 피가 맺혔다.

아직도 약지 끝마디에는 그 상처가 남아 있다. 손가락을 펴서 보면 약간 고부랑하다. 친구들과 약지 끝마디만 굽히기 내기를 해서 이기고 나서는 옛날이야기를 하며 같이 웃는다.

상처가 고통으로 남지 않는다면 오히려 삶에 가장 진한 이야깃거리를 제공한다. 그런 의미에서 내 약지 끝마디에는 소가 살고, 냇가가 살고, 다래끼와 낫이 살고, 엄마가 살고, 밀이 산다. 그런 것들이 다시 이야기의 지평을 넓혀간다. 소를 잃어버려서 밤늦게까지 찾아다녔던 이야기로 번져가기도 하고, 꼴을 베러 갔다가 벌에 쏘인 이야기로 확장되기도 한다.

사람들은 누구나 이런저런 흉터를 지니고 산다. 그게 몸이든 마음이든 없는 사람은 없다. 그 흉터가 어떤 사람에게는 견딜 수 없는 고통이 되고, 어떤 사람에게는 풀어 놓을 수 있는 자랑스러운 이야기가 되기도 한다.

나의 이마와 손가락에 나 있는 흉터를 들여다보면서 물어본다.

"너희들은 어땠어?"

평생을 함께 살아오면서 나의 어린 시절을 종알종알 이야기해

주는 흉터를 보면 나도 모르게 미소가 떠오르면서 행복해진다는
것이 고맙다

힘이 빠지는 계절 안에는

가을은 색깔의 계절이다. 온갖 색깔의 단풍들이 산과 들을 다양하게 물들인다. 단풍나무의 붉은 색이 가장 화려하게 드러나는 색깔이지만 은행나무의 노란색 단풍도 만만치 않다. 느티나무의 연한 고동색도 예쁘고, 벚나무의 다양한 색깔들의 조합도 신비롭다. 붉나무의 새빨간 색도 산에서 유독 두드러지고, 화살나무의 단풍도 산뜻한 화려함을 자랑한다.

그 무엇보다 내 눈에 황홀하게 들어오는 것은 벼가 익어가면서 변해가는 색깔이다. 모내기 후에는 연한 녹색으로 어린 시절을 보내다가 점점 자라면서 짙은 녹색으로 변한다. 익어가면서 다시 연두색으로 변하는가 싶다가 곧 노랗게 익어간다. 알이 차고 고개를 숙일수록 연한 고동색으로 무거워지면 드디어 타작할 때가 가까워지고 있다는 것이다.

벼가 변해가는 색깔은 온 들판이 연출하는 조화로운 행위여서 보면 볼수록 감탄사를 자아낸다. 벼를 베고 나면 흙빛이 뚜렷해지면서 들판은 겨울잠에 들 준비를 한다. 한 해에도 이런 색깔의 변

화를 겪으면서 변신을 거듭하는 들판은 그가 품어내는 알곡 못지
않게 색깔로도 우리를 행복하게 한다. 색깔의 힘이 빠질 때, 그때
가 결실의 계절이다.

산을 물들이던 온갖 나무들의 단풍도 땅에 떨어지면서 색깔을
유지하는 힘이 떨어지고 들판도 고동색에서 흙빛으로 서서히 힘
이 빠지면, 결실에 이어서 한 해가 마무리되고, 새로운 꿈을 꾸는
겨울잠에 들어간다.

어릴 때는 벼를 터는 타작을 큰 행사처럼 시행했다. 먼저 베는
작업을 시작한다. 일일이 낫으로 벼를 베어 한 단씩 묶어 세우거나
잘 마르도록 논바닥에 넌다. 다 마르면 지게로 져서 나르거나 우마
차를 이용하여 집으로 옮긴다.

한때는 돌확이나 여물통을 엎어 놓고 거기에 볏단을 쳐서 낱알
을 털었다. 발로 밟아서 돌리는 탈곡기가 나와 와랑와랑 소리를 내
면서 돌아가는 것을 보고 농민들은 환성을 질렀다. 그 후 발로 밟
지 않아도 돌아가는 탈곡기가 나오는 데는 그리 오랜 시간이 걸리
지 않았다. 논에서 바로 베면서 타작이 되는 것은 상상조차 할 수
없었던 어린 시절이었다.

타작한 벼는 멍석에 널어서 말렸다. 다 마르면 뒤주에 넣거나
가마니에 담아서 창고에 보관했다. 아마 아버지는 그 벼 가마니를
보시면서 흐뭇해하시거나 뒤주 안을 하루에도 몇 번씩 들여다보
셨으리라.

내가 아버지 나이가 되어 10여 년 동안 벼농사를 지으면서, 타
작한 벼를 햇빛에 말리려고 멍석에 널었을 때의 그 뿌듯함은 가슴

가득 밀려오는 행복감으로 대체된다. 이틀 정도 말리고 난 다음 포대에 넣어서 창고에 보관한다. 보통 한 가마니라고 하면 80㎏을 기준으로 하지만 그 정도의 무게를 마음대로 다룰 수 있을 만큼 넉넉한 힘을 가진 사람은 많지 않다. 이제 거의 40㎏의 포대로 대체가 되었다.

다 말리고 난 다음, 창고 안으로 옮길 때는 손수레를 이용한다. 처음 농사를 지을 때는 네 포대씩 실어서 옮겼다. 이삼 년이 지나자 차츰 힘에 부치기 시작했다. 세 포대로 줄였다. 또 두어 해가 지나가면서 그것도 힘에 부쳤다. 두 포대로 줄였다. 곧 한 포대를 신고 씨름할 날이 머지않았다는 서글픈 생각을 했다. 세월의 흐름에 따라 한 포대 무게씩 힘이 빠져가고 있다는 것을 느끼면서 나의 결실을 생각한다.

산의 나무들, 들판의 온갖 곡식들이 색깔에 힘이 빠지면서 결실로 이어지듯이 나의 삶도 힘이 빠지면서 무언가 건져 올릴 결실의 모습이 있어야 하지 않을까 하는 조바심이 안개처럼 피어오른다. 두런두런 내가 걸어온 길을 되돌아보기도 하고, 하릴없이 몸과 마음의 주머니를 털어 보기도 한다. 혹시 나도 몰래 내 속에 숨어 있다가 떨어지는 무언가가 있지 않을까 기대하면서.

향기

향기를 보기 위하여 보물찾기하듯 헤맸던 적이 있었다. 향기가 분진처럼 날려 눈처럼 눈에 보일 듯했기 때문이다. 늦가을 문학기행을 갔을 때였다. 통영 남방산을 올랐는데 낯선 향기가 산 전체를 뒤덮고 있었다. 도대체 어디서 나는 향기일까? 다들 눈을 크게 뜨고 향기가 나는 곳을 찾았다. 중간쯤 커다란 울타리를 이루고 서 있는 나무들이었다.

금목서 은목서라고 했다. 자잘한 꽃이 이밥처럼 옹기종기 모여 있는 모습이 무슨 축제라도 하는 듯 풍성했다. 자그마한 꽃들이 풍기는 향기가 그렇게 진하게 공간을 채우고 있다는 게 신기했다.

그때부터 금목서 은목서 이야기만 들어도 코에 향기가 가득 몰려왔다. 눈처럼 날리는 은목서의 자잘한 꽃송이가 향기가 되어 하늘을 떠다니는 것처럼 보였다. 금색이어서 금목서고, 은색이어서 은목서다. 향기가 조금 다르지만 진하게 세상을 채운다는 점에서 닮았다. 색깔만 다를 뿐, 꽃의 모양도 닮았다.

나는 금목서를 보면 어릴 때의 이웃들이 떠오른다. 가난하게 농사를 짓고 살면서도 옹기종기 다정하게 모여 살던 그들의 향기를 잊을 수가 없다. 모를 심을 때면 우리 논에는 열 명도 넘는 사람들이 함지박만 한 웃음을 메고 몰려왔다. 하루 내내 모를 심으면서도 피곤한 기색보다는 신명과 정으로 몽글몽글 피어나는 환한 웃음은 따뜻하다 못해 향기로웠다.

못밥은 늘 넉넉했다. 지나가는 사람들을 다 불러서 함께 먹었다. 아는 사람, 모르는 사람 구분이 없었다. 옆의 논에서 혼자 일하는 사람이나 지나가는 낯선 사람들을 다 불러서 함께 먹었다.

고구마 하나를 쪄도 담 너머로 접시가 오갔다. 제사를 지낸 다음 날 아침이면 형과 나는 그 제사 음식을 돌리느라고 동네를 한 바퀴 돌아야 했다. 결혼식을 마치고 정성 떡이라도 온 날이면 두어 개씩이라도 온 동네 사람들과 다 나누었다. 옹기종기 모여 살던 사람들의 온기는 금목서의 향기를 참 많이 닮았다.

나는 은목서를 보면 어릴 때 함께 놀던 동무들 생각이 난다. 동네 마당에는 늘 아이들이 북적거렸다. 오징어 놀이를 하거나 비석치기, 구슬 따먹기, 자치기, 고무줄놀이, 땅따먹기로 그 너른 동네 마당이 빈 곳 없이 가득했다. 밥때가 되면 아이들 부르는 소리가 동네를 가득 채웠다.

그 마당은 아이들의 노는 장소뿐만이 아니라 아이들의 일터이기도 했다. 밀을 씻어서 널 때는 멍석을 깔고 마당 빼꼭하게 밀을 널어서 말렸는데, 그때는 아이들의 작은 손도 큰 보탬이 되었다. 자연 속에서 자연처럼 살아가던 아이들의 보송보송한 훈기는 은목서의 향기를 참 많이 닮았다.

몇 년 전 부산에서 이사를 온 지인의 집에서 그 반가운 금목서 은목서를 만났다.

"여기서도 잘 살아요?"

합천 친정에서 캐온 금목서 은목서가 추위에 몸살을 하다가 시들어 가는 모습을 뒷집 마당에서 보았던 터라 싱싱하게 살아 서 있는 모습이 신기했다.

"그럼요, 얼마나 잘 사는데……."

건강한 금목서 은목서가 나보란 듯 나란히 웃고 서 있었다.

언젠가 동명을 지나오면서 들렀던 화원에 늠름하게 서 있었던 금목서가 나를 막 부르는 듯했다. 그때 거기서 '금목서'라는 이름 표를 보면서 얼마나 가슴이 설레었던가.

'아직도 그 나무가 있을까?'

이튿날 당장 동명으로 달려갔다. 내가 눈여겨 보아두었던 그 나무가 그대로 있는 게 아닌가. 반가운 마음으로 흥정을 하여 우리 집 식구로 맞아들였다. 정원 한복판에 갖다 심었다. 첫해부터 얼마나 많은 꽃을 피우는지 향기가 마당 가득했다.

작년에는 은목서도 하나 구해서 금목서 옆에 나란히 심었다. 금목서가 먼저 꽃을 피운다. 은목서가 따라 피면서 늦가을 마당에는 향기가 이어진다.

나는 금목서, 은목서처럼 살고 싶다. 작지만 옹기종기 모여 사는 가슴에서 정이 솟는다. 욕심부리지 않고 서로를 아끼고 배려하고 나누면서 살아가는 작은 사람들의 세상이야말로 얼마나 향기로울까.

소

소를 한 마리 사고 싶다. 소를 몰고 산이나 들로 가서 소를 뜯기며 사색도 하고 조용히 책도 읽고 시도 쓰며 살고 싶다. 풀벌레 소리만 가득한 들이나 산에서 사각사각 풀을 뜯어 질겅질겅 씹으며 행복해하는 소를 보는 것은 얼마나 흐뭇한 일인가.

소를 앞세우고 산이나 들로 다니는 일은 늘 싱그러운 나무들과 만나는 일이다. 풀을 만나고 예쁜 꽃들을 만나는 일이다. 비가 오든 바람이 불든 언제 어디서나 산들산들 살갑게 맞이해 줄 자연과 만나는 일이다.

소와 함께 살며 소처럼 듬직한 여유를 찾고 싶다. 덩치도 덩치려니와 미리 삼켜 두었던 것들을 다시 꺼내 되새김질하며 큰 눈을 껌벅이는 소의 모습은 삶의 반추를 통한 여유를 가질 수 있게 하리라. 뚜벅뚜벅 걸어가는 걸음걸이도 바쁘지 않고, 언제라도 푸근하게 등을 내어줄 것 같은 모습은 언제라도 기꺼이 기댈 수 있는 바위처럼 듬직하다.

그 등에 올라앉아 터덜터덜 소가 가는 대로 정처 없이 가고 싶다. 그 위에서 꾸벅꾸벅 졸아도 좋겠다. 그냥 그 모습 그대로 소와 함께 살고 싶다.

굳이 왜 소냐고 묻는다면 어릴 때 가장 가까이 지내며 친구처럼 떼려야 뗄 수 없는 존재로 내 곁을 지켜주었던 게 바로 소였기 때문일 것이다.

어릴 때부터 함께 살았던 누렁이가 한 마리가 있었다. 어쩌면 내가 태어나기 전부터 있었을지도 모른다. 키가 훤칠하게 크고 털색깔도 밝은 주황색으로, 사람으로 말하면 잘생긴 미인이었다. 내가 중학교를 졸업할 때까지 함께 살았으니까 우리 집에서 함께 산 것이 10년도 훨씬 더 되었나 보다.

하교 후 누렁이를 몰고 산이나 냇가로 가는 것이 한 사람 몫의 일이었다. 그 일은 으레 바로 위의 형이나 나의 몫이었는데, 둘 중 하나는 논이나 밭으로 가서 부모님 일을 도와 드려야 했고 나머지 한 사람에게 누렁이가 맡겨졌다. 고집 세고 욕심이 많았던 내가 누렁이를 먼저 데리고 들이나 산으로 가는 일이 많았다.

"내가 소 띠끄로 갈끼다!"

먼저 소리를 지르면 마음이 약한 형은 아무 말 없이 낫이나 호미를 들었다.

날씨가 좋은 날은 대부분 냇가로 간다. 냇가에 도착하자마자 쇠뿔에다 고삐를 감아 매고 엉덩이를 철썩 때리면 저 혼자서 풀을 찾아간다. 아이들이 몰고 나온 소들이 하나둘 많아지면 자기들끼리 무리를 지어서 놀다가 배가 고프면 풀을 뜯는다.

그동안 나는 아이들과 어울려 미역을 감는다. 입술이 새파랗도록 놀다 보면 어느덧 서산에 해가 늬웃늬웃 넘어가는 모습이 보인다.

"이 늠이 노니라고 소는 띠끼지도 안하고 놀다가 왔구나!"

아버지의 꾸중하시는 소리가 미리 들리는 듯할 때쯤 옷을 입고 소를 찾아서 풀이 많은 곳으로 데리고 간다. 사각사각 풀을 뜯는 모습은 정말 보기 좋다.

'많이 먹어라, 많이 먹어라.'

불룩해진 소 배를 흐뭇하게 바라보며 집으로 온다. 뒤뚱뒤뚱 부른 배와 엉덩이를 흔들면서 앞서가는 소를 보면 나도 따라 배가 부르다. 덩치가 산처럼 큰 소가 내가 하는 말 한마디에 가기도 하고 서기도 하고, 먹기도 하고 앉기도 하는 것이 그렇게 기분 좋을 수가 없다.

누렁이는 한 해에 한 마리씩 새끼를 낳았다. 새끼를 낳는 날은 우리 집 경삿날이다. 그날은 학교를 마치는 대로 부리나케 집으로 달려갔다. 어머니는 마당 가운데 정한수를 떠놓고 빌고 계시고 아버지는 누렁이 뒤에서 안절부절못하시며 누렁이가 새끼 낳기를 기다리신다. 드디어 머리가 보이고, 다리가 보이고, 태와 함께 양수를 뒤집어쓴 송아지가 털썩 지푸라기 더미 위에 떨어져 내리면 아버지는 태를 자르고, 발톱을 까주셨다. 어미 소가 송아지를 핥아서 물기를 닦아주고 태를 질겅질겅 씹어 먹는 동안 벌써 송아지는 일어서는 연습을 한다. 몇 번의 연습으로 송아지는 벌떡 일어선다. 건재하다는 것을 과시나 하듯 마당을 껑충껑충 뛰어다닌다. 아버지 어머니의 얼굴이 환해진다.

"그 늠아 까부는 기 똑 너 닮았다. 하하하……."

송아지를 낳는 날보다 더 구경꾼이 많이 모이는 날은 교미를 시키는 날이다. 보통 동네마다 황소는 한 마리만 키우는데, 수정을 시키기 위해서 특별히 키우는 것이라고 했다. 교미를 시키는 날은 동네 사람들이 아이 어른 할 것 없이 다 모이다시피 한다. 동네 앞 너른 마당에서 교미를 시키는데 아버지는 누렁이 코뚜레를 쥐고 움직이지 못하게 하고, 흥분한 황소가 씩씩 콧김을 내뿜으며 다가와 누렁이를 올라타면 누렁이는 놀라서 엉덩이를 뺀다. 교미를 성공시키기는 쉽지 않은 일이다. 한참 동안 황소도 암소도, 황소 주인도 아버지도 땀을 뻘뻘 흘리고 나서야 겨우 끝이 난다. 그렇게 해도 수정이 안 되면 수정이 될 때까지 시도한다. 지금 생각해 보면 그 모습이 생생하게 살아 있는 성교육 마당이었다.

소를 키우면서 가장 가슴이 아플 때는 송아지를 뗄 때다. 어느 정도 송아지가 크고 나면 시장에 내다 판다. 송아지가 없어진 몇 날 동안 애절하게 우는 소 울음소리가 밤공기를 가르며 이웃 동네까지 울려 퍼진다.

"훈아! 훈아! 밥먹으래이."

밥때가 되었는데도 어딘가에서 정신없이 놀이에 쏙 빠져 있는 나를 찾는 엄마의 목소리를 어쩌면 그렇게 닮았는지 지금도 귀에 쟁쟁하다.

어느 날 그 누렁이를 팔겠다고 아버지가 시장으로 몰고 나가셨는데, 결국 팔지 못하고 그냥 데리고 오셨다. 어쩌면 아버지의 마음도 내 마음이랑 비슷했을는지 모른다. 오랫동안 누렁이와 든 정을 떼기가 쉽지 않았을 것이다. 학교에서 돌아오는 길에 일부러 우시장에 들러 누렁이와 눈물을 찔끔거리며 작별 인사를 하고 집으로 왔는데, 아버지가 팔지 않으시고 다시 몰고 들어오셨을 때 누렁이 목을 잡고 얼마나 좋아했는지 모른다.

"늙다리라고 돈을 마이 줄라고 해야 말이지."

말씀은 그렇게 하셨지만, 누렁이와 헤어지기 싫은 마음이 훨씬 더 강했을 것이라 미루어 짐작이 간다.

나는 소가 좋다. 돼지처럼 먹는 것에 욕심이 많지도 않고, 개나 고양이처럼 먹고 노는 일에만 익숙하지도 않다. 주인이 시키는 대로 놀라면 놀고, 먹으라면 먹고, 일하라고 하면 기꺼이 일하는 그 우직함이 좋다.

소가 사람이 할 일을 반쯤은 한다고 아버지는 늘 말씀하셨다. 정말 그랬다. 봄이 되면 논을 갈고 써레질을 하여 모를 심는데 소는 없어서는 안 될 소중한 존재였다. 밭을 갈기도 하고, 수레를 끌기도 하고 나락을 져 나르는 일도 했다. 땔 나무를 하러 산으로 갈 때도 아버지는 소등에 질매(길마)를 얹었다.

멍에를 씌운다고 하여 사람들은 소가 혹독하게 당하는 말로 쓰지만 사실 멍에를 쓰는 순간, 소는 진정한 가족이 된다. 어쩌면 사람보다 더 큰 일을 해내는 일꾼이 되기 때문이다. 멍에를 써야 수레를 끌고, 멍에를 써야 논도 갈고 밭도 갈 수 있다. 멍에를 쓰는 순간 노동이 시작되고, 그래서 삶의 진정한 가치를 인정받기 시작하는 것이다.

멍에는 굵은 다래나무를 잘라다가 불기를 머금게 하여 소의 목에 딱 맞게 만들기도 하고, 온 산을 헤매어 가장 적당하게 굽은 소나무를 잘라서 부드럽게 깎아서 만들기도 했다. 사람에게 지게가 소중한 도구였던 것처럼 소에게는 멍에가 참으로 소중한 도구였다. 소 어깨가 덜 아프게 일을 할 수 있도록 배려하는 도구였기 때문이다.

이렇게 일을 하는 소를 위하여 먹을 것을 준비하는 것도 게을리할 수 없는 일이었다. 봄이나 여름에는 주로 소를 뜯기러 가서 밖에서 먹이고 저녁에만 베어온 꼴을 주는 것으로 해결이 되지만, 풀이 많이 나지 않는 가을이나 겨울에는 작두에다 짚을 썰고, 사람이 먹다 남은 음식 찌꺼기를 섞어서 가마솥에 쇠죽을 끓여 준다. 지금도 쇠죽을 끓이면서 나는 구수한 냄새를 잊을 수가 없다. 쇠죽을 끓이고 난 아궁이에 고구마나 감자를 구워 먹기도 하고 달걀 밥을 해 먹거나 국시꼬랭이를 구워 먹는 일은 덤으로 얻을 수 있었던 즐거움이다.

쇠똥이나 오줌은 소중한 거름이 된다. 소 한 마리만 있으면 농사를 지을 수 있는 거름이 다 된다고 할 정도로 소는 여러 측면에서 이로운 짐승이었다.

지금도 누렁이가 그립다. 그래서 누렁이를 닮은 소를 한 마리 사고 싶다. 함께 풀을 뜯으러 산이나 들로 가기도 하고, 함께 뒤뚱뒤뚱 산책도 하고, 하릴없이 외양간에 그냥 우두커니 서서 눈만 껌벅이고 있어도 마음이 든든할 것 같은 소를 한 마리 사고 싶다. 그 소는 어쩌면 가장 든든한 친구가 될 수도 있고, 집을 지켜주는 또 하나의 가족이 될 수도 있을 것이다.

인공사료만 먹으면서 자연과 점점 더 멀어지고 있는 요즘, 소들은 이제 더 이상 친구가 아니다. 가족은 더더구나 아니다. 오로지 재산으로써 그 가치를 인정받고 있을 뿐, 다정한 상대로서 교감이 없는 세태가 안타깝다.

소가 마치 친구처럼 가족처럼 가까웠던 그 시절이 그립다. 풀도, 꽃도, 나무도, 짐승도, 사람도 모두 하나가 되어 자연으로 가까웠던 그 시절로 돌아가고 싶다.

소를 한 마리 사고 싶다. 아무래도 그 시절로 제대로 돌아가기 위해서는 내가 어릴 적 몰고 다니던 그 누렁이를 닮은 소가 한 마리 필요할 것 같기 때문이다.

설

결심이 서면 몸도 마음도 따라 일어선다. 서는 행위 뒤에는 동작이 따른다. 걷든 달리든. 때로는 그냥 가만히 서 있기도 하지만, 어쨌든 뒤따르는 동작이다. 선다는 것은 시작한다는 것이다. 사색의 끝에 맺어지는 열매다. 어쩌면 긴 사색을 끌어오는 힘 있는 몸짓이 될 수도 있다.

자주 일어서고 싶다. 무언가를 하든 어디를 가든 일어서면 꿈꾸는 세상이 펼쳐진다는 사실은 참으로 고무적이다. 손으로 바닥을 짚고, 두 무릎을 적당히 세운 다음 바닥을 밀어서 엉덩이를 들어 올리는 것만으로 무엇이든 시작할 수 있다면 이처럼 신나는 일은 없다.

선다는 것은 높아진다는 것이다. 한결 높아진 눈높이는 또 다른 세상을 보게 하는 힘이 있다. 계절이 일어서는 것도 볼 수 있고, 장이 서는 풍요로운 공간도 쉽사리 알아볼 수 있다. 서면 서는 것이 보인다.

입춘이 되면 봄이 일어서듯이 여름도, 가을도, 겨울도 때가 되면 일어선다. 힘차게 일어서서 봄은 봄의 일을 하고, 여름은 여름의 일을 한다. 가을이면 여지없이 낙엽이 지고, 겨울이면 눈이 내린다.

장이 서는 날은 왠지 무엇이든 새로운 것이 있을 것 같아 그 앞에서 서성거리거나 기웃거렸다. 가끔은 엄마가 학교까지 오셔서 어린 나를 데리고 가던 곳이다.

"뭐 먹고 싶나?"

"떡!"

쌀을 판 돈으로 산 떡을 시장바닥에 앉아서 꾸역꾸역 먹노라면 싸구려를 외치는 장사꾼들의 호방한 목소리가 안개처럼 깔려와 시장 골목을 덮었다.

지금까지 가장 높이 서 본 것은 교단에 선 것이다. 교단 높이가 한 자 남짓 가볍다고 하지만 웬만한 건 다 보인다. 아이들의 졸린 눈꺼풀은 물론 책상 속에 들어있는 비밀까지 보이는 걸 보면 교단의 높이가 낮아져야 한다는 여론은 존중되어야 한다.

서는 힘은 서고자 하는 마음에서 나온다. 신동엽의 풀이 밟혀도 밟혀도 다시 일어서듯이 밟히면서도 다시 일어선 선조들의 따뜻한 마음이 오늘날 우리의 삶을 떠받치고 있고 다시 일어서게 하고 있다.

운동회 날 형들의 프로그램으로 장대 세우기가 있었다. 들풀처럼 쓰러질 듯 일어서고 쓰러질 듯 일어서던 그 장엄한 광경이 지금의 여린 내 마음을 불러 세운다. 언제 어디서든 당당히 일어서라고.

'설'은 서라고 있는 날이 맞다. 새로 일어서서 새로운 날들을 채우라고 서는 날이다. 한 해 꼭대기에 서면 새로운 설렘으로 흔들린다. 무엇을 할까, 무엇을 하면 행복할까……. 꿈이 되기도 하고, 고민이 되기도 하는 생각들이지만 설은 설이어서 꿈이 앞자리에 선다.

아흔을 넘은 할머니가 계시던 우리 집에는 설이 되면 세배꾼이 줄을 섰다. 만수무강을 비는 덕담이 오가고 정성스러운 음식이 오가는 정겨운 자리가 수십 번 이어지지만 번거롭지 않았다. 세배가 끝난 후 할머니가 주름진 손으로 덕담보다 따뜻한 체온을 나누어 주실 때가 나는 더 좋았다.

내가 찢어진 문구멍으로 마당을 들어서는 세배꾼의 수를 확인하면, 엄마는 상을 준비하시는 게 보통이었다. 상에는 떡과 부침개가 얹히고, 집에서 만든 강정과 단술이 놓였다. 술을 좋아하시는 어른들 상에는 막걸리도 따라 나왔다.

세배와 덕담과 음식이 줄을 이어 서는 모습 안에는 떼려고 해도 뗄 수 없는 정이 따뜻하게 앉아 있었다. 설은 함께 살고 있다는 사실을 명징하게 일깨우는 날이다. 함께여서 설 수밖에 없고, 설 수 있도록 일깨우는, 참 아름다운 날이다.

조 판사

'농자천하지대본' 깃발을 펄럭이며 쿨럭쿨럭 걸어오는 사람이 있다.

"이리 와요, 이리와!"

논에서 모를 심던 사람들이 저마다 소리를 질러대며 손짓으로 그를 부른다. 하지만 그는 이미 갈 곳이 정해져 있는 사람처럼 느릿느릿 여유롭다. 그의 깃발은 아무 데나 꽂히지 않는다. 그의 깃발이 어느 집에 꽂히게 될지 사람들은 궁금해서 견딜 수가 없다. 사실 사람들은 어느 정도 예견을 하고 있다. 논 면적에 비하여 놉이 적은 집은 언제나 있기 마련이기 때문이다.

여지없이 그의 깃발은 그런 집을 꿰뚫어 보는 듯 그 집 논둑에 꽂히고 그는 종일 그 집 일을 도와준다. 그는 손이 빨라서 웬만한 장정을 뺨칠 정도로 일을 잘한다. 부지깽이 손도 빌린다는 일 철에 그런 일꾼, 그것도 공짜로 와서 일을 해주는 장정 하나가 손을 보탠다는 것은 저절로 어깨춤이 나오게 하는 일이다.

"저 집 오늘 땡잡았네. 조 판사가 일을 조옴 잘 해여."

사람들은 그를 조 판사라고 불렀다. 왜 그가 조 판사가 되었는지는 아무도 모른다. 다만 전설처럼 전해져오는 이야기가 있을 뿐이다.

그는 공부를 참 잘했고, 열심히 공부하여 몇 번 만에 사법고시에 합격했다. 판사로 발령을 받았는데, 판결 한 번 제대로 해보지 못하고 정신이상이 오고 말았다. 그 후 시골로 내려와서 살고 있다.

이게 그에 관한 이야기의 전부였다. 하지만 사람들의 입에서 입으로 전해지는 동안 이야기가 보태어져서 차츰 그 내용이 풍성하게 변해갔다. 그중에서 사람들의 고개를 가장 많이 끄덕이게 한 이야기는 그가 '미친 사람'이 아니라는 것이었다.

"조 판사는 미친 사람이 아이라. 미친 사람이 우예 일손이 모지래는 논을 그러키 잘 알아 봐여. 말도 안 돼여."

공부를 해보니까 검사든 판사든 이런 게 참으로 보잘것없는 명예라는 생각을 하게 되었고, 그냥 내려올 수는 없으니까 미친 척하면서 시골로 내려와서 이렇게 자유롭게 살고 있다는 것이 요지였다.

들어보면 그럴듯했다. 실제로 가장 힘들게 일을 할 수밖에 없는 집을 찾아서 일을 도와주는 것도 그렇고, 일체 품삯을 받지 않고 일을 돕는 것도 사람들에게는 참 고마운 사람일 수밖에 없었다. 식사 시간에도 자기가 매일 가지고 다니는 군대용 찬합에 밥과 반찬을 받아서 멀찍이 떨어진 곳에서 혼자 식사했다. 그것도 사람들의 눈에는 다른 사람들에게 폐가 되지 않도록 하기 위하여 배려하는 것으로 비쳤다.

그 당시에는 걸인들이 많았다. 식사 시간이면 밥을 얻기 위하여 걸인들이 왔는데 조 판사가 그 군대용 찬합을 들고 오면 엄마는 마치 반가운 손님처럼 가장 맛있는 밥을 뚝 떼어서 찬합에 넣어주고 반찬도 넉넉하게 주었다. 말이 거의 없던 그는 그냥 고마움의 표시로 고개를 몇 번 끄덕이면서 돌아갔다.

초등학교 시절, 학교를 마치고 집으로 돌아오는 길에 조 판사를 만나면 아이들은 자석에 끌려가는 못처럼 그를 따랐다. 운이 좋은 날은 그의 작업 광경을 목격할 수 있었다. 장작 같은 나무의 한쪽을 평평하게 깎은 곳에는 무슨 의미인지도 모르는 내용이 한자로 적혀 있었다. 그는 그것을 보이지 않을 때까지 땅속에 박아 넣었다. 그가 떠난 등 뒤에 서서 어이가 없는 모습으로 한참 동안 서 있었던 기억이 지금도 생생하다.

그런 면에서 그는 어쩌면 미친 사람이었고, 한편 신비스럽게 다가오는 사람이기도 했다. 지금 생각해도 떠돌아다니던 이야기처럼 어쩌면 그는 미친 사람이 아닐 가능성이 있지 않을까 하는 생각이 들 때가 있다. 설사 정말 정신이상이라 하더라도 이렇게 아름다운 추억의 주인공이 되어 기억 속에 남아 있는 것을 보면 미쳐도 곱게 (?) 미친 사람이 분명하다.

조 판사를 떠올리면서 요즘이 바로 이렇게 '곱게 미친' 사람들을 훨씬 더 많이 필요로 하는 시기가 아닐까 하는 생각을 하게 된다.

냄새

흙먼지를 날리며 뚜벅뚜벅 들려오는 발자국 소리에 그런 반가움이 묻어 있는지 몰랐다. 소리가 가까워질수록 가슴은 풍선처럼 부풀어 아지랑이라도 타고 오를 듯 가벼워졌다.

"○월 ○일 휴가를 갑니다."

형님의 편지 한 장을 들고 꼭두새벽부터 가슴이 설레다가 기어코 읍내까지 마중을 나가는 길에 형님의 아지랑이 형상을 만나고 구두 발자국 소리를 만나고 드디어 형님을 만나서 손을 잡고 집으로 돌아오던 그때 그 순간을 지금도 잊을 수가 없다. 지금은 형님의 형상보다 발자국 소리가 훨씬 더 또렷이 내 기억 속에 남아 있는 이유는 뭘까?

엄마는 맨발로 뛰어나오고, "왔구나." 아버지의 짧은 한 마디, 그 뒤에 헛기침 소리가 더욱 길었다. 한 갑 한 갑 아껴서 모아가지고 온 '화랑' 담배 앞에서 할머니는 오랫동안 손자 손을 놓지 못하셨다.

며칠 사이로 우리를 따돌리고 퍼지는 냄새가 있었다. 그것은 바로 다름 아닌 닭백숙 냄새다. 아버지는 집에서 키우던 닭 중에서 제일 실한 놈으로 한 마리를 고르셨다. 목을 비트는 것은 물론 더운물에 담갔다가 털을 뽑고 배를 갈라 내장을 꺼내서 정리하는 일까지 기꺼이 맡으셨다. 어머니는 그 뱃속에다 찹쌀을 넣고 다시 오므려서 솥에다 물을 부어 은밀하게 삶는 일에 온갖 정성을 쏟으셨다.

형과 나는 그 시간에 마을 공터에서 신나게 놀고 있어야 했고, 할머니도, 심지어는 그 닭을 잡은 일등공신 아버지도 뒷짐을 지고 아무 일도 없었던 것처럼 '마실'을 가셔야 했다. 집에는 으레 어머니와 휴가를 나온 형님만 있어야 했다.

냄새는 참 묘한 구석이 있다. 웬만큼 거리가 있어도 스스럼없이 퍼져 나가는 눈치 없는 속성을 지니고 있다. 숨기고 싶을 때 오히려 더 멀리 퍼지는 반항적 근성으로 은근히 사람들의 속을 긁기도 한다. 큰아들을 위해 다른 사람들에게는 숨기고 싶은 엄마의 의중 따위는 별로 개의치 않는다.

놀이터까지 살며시 퍼져 나온 향긋한 냄새에 취해서 그 재미있는 비석치기, 아이를 낳고 미역국을 먹는 황홀한 순서까지 내팽개치고 집으로 스며드는 눈치 없는 나를 엄마는 용납하지 않으셨다. 엄마 손에 이끌려 다시 놀이터로 나오면 나보다 뒤지던 아이들이 벌써 미역국을 다 먹고 아이를 키우고 있었다. 나는 결국 닭고기도 비석치기도 다 잃고 병든 닭처럼 어깨를 늘어뜨린 채 아이들이 노는 것을 멍하니 구경해야 했다.

보통 군대 복무하는 동안 정기휴가를 세 번 정도 나왔다. 큰 형님의 군대 시절, 대여섯 번의 냄새 고문을 당했고, 둘째 형님의 군대 시절에 역시 그 정도의 냄새 고문을 당했다. 그럴 때면 나도 빨리 크고 싶었다. 빨리 커서 군인이 되고 싶었다.

　세 살 많은 형이 그 황홀한 혜택을 받고 난 후 3년이 더 지나서야 나도 어머니의 그 맛있는 백숙을 맛볼 수 있었다. 하지만 그때는 이미 닭을 두세 마리는 넉넉히 잡을 수 있을 만큼 우리 집도 여유를 가지고 있을 때였다. 온 식구가 둘러앉아 백숙을 먹으면서 나는 왠지 손해를 본 듯한 생각에 트집이라도 부리고 싶었던 기억이 남아 있지만 그래도 엄마의 백숙은 맛이 있었다. 온 식구들을 따돌리고 오로지 나만을 위해서 살코기를 뜯어 주시는 어머니의 손길은 참으로 황홀할 것 같았기 때문이다.

　나는 닭백숙 냄새를 좋아한다. 닭의 뱃속에 넣어서 고기 냄새가 살짝 밴 찰밥도 좋아한다. 지금도 닭백숙을 먹을 때면 고기보다 그 냄새가 더 맛있다. 그 냄새는 어쩌면 음식 냄새라기보다는 정성이 가득한 엄마의 냄새이기 때문일 것이다.

4부

소박한 것들이 지켜온 삶

고구마

어떤 경험이 생활에 깊은 영향을 끼칠 때가 있다. 특히 감동을 주는 일일 경우에는 더욱 그렇다. 때로는 그 일로 인하여 생활의 진로가 바뀌기도 하고, 때로는 인생의 성패를 좌우하기도 한다.

교단에 선 지 2년째 되는 해에 있었던 일이다. 경주 부근의 어느 학교에서 근무할 때였는데 매달 말 우리 반에서는 그달에 생일이 들어 있는 학생들의 생일 축하 자리를 마련하기로 했다. 드디어 월말이 되고 그달에 생일이 있었던 학생들을 축하해 주어야 할 날이 내일로 다가왔다.

축하의 자리는 정성스럽게 꾸려져야 한다는 것을 강조하면서 축하 잔치의 음식은 각자 성의껏 가져오기로 했다. 떡방앗간 아이는 떡을 가져오고, 가게를 하는 집에서는 음료수를 한 병 가져오면 될 것이고, 밤이 있으면 밤을, 고구마가 있으면 고구마를 삶아서 가지고 오면 되지 않겠느냐고 친절하게 예까지 들어가면서 설명을 했다. 아이들이 모두 고개를 끄덕였다.

이튿날 수업이 끝나고 축하 잔치 준비가 어떻게 되었나 내심 궁금하면서도 교무실에서 참고 기다렸다. 실장이 와서 준비가 다 되었다고 이야기를 할 때까지 한편 걱정스럽기도 하고 한편 기대를 걸기도 하였다.

교실은 책상이 둥글게 새로 배치가 되어 있었고 생일 주인공들은 칠판을 배경으로 따로 자리가 마련되어 있었다. 흑판에는 축하의 인사, 농담들이 어지럽게 적혀 있었는데 실상 책상 위에는 아마 모두가 매점에서 금방 사온 듯 과자봉지 하나씩만 덜렁 놓여 있었다. '-깡', '-깡' 끝에 '깡'자가 붙어 있는 과자가 그렇게 많은 줄 몰랐다. 실망스럽기 짝이 없었다. 이걸 어떻게 이야기해야 하나 고민을 하면서 책상을 빙 둘러 보던 중 유독 수희라는 아이가 아무것도 내어놓지를 못하고 있었다.

"수희야, 너는 왜 아무것도 없어?"

"……."

수희는 얼굴이 빨갛게 상기된 채 고개도 들지 못하고 다른 아이들이 대신 대답을 했다.

"선생님, 수희는요 고구마를 가지고 왔어요."

아이들이 와 웃었다.

"그래, 그럼 고구마를 내어 놔야지."

"교탁 밑에 있어요."

교탁 밑에는 한 솥은 쪘을 것 같은 고구마가 비닐봉지에 수북이 담겨 있었다. 물렁물렁한 물고구마였다. 나는 수희를 불러 세워 놓고 한참 동안 칭찬을 했다.

이런 모습이야말로 정성이 담긴 올바른 축하의 모습이라고 해 주었다. 수희는 머리를 긁적이면서도 빙그레 기분이 좋아 보였다. 반씩 나누어서 아이들에게 안겼더니 얼마나 맛있게 먹어대는지 그날 생일 잔치는 수희의 물고구마로 인하여 완전히 성공적으로 끝이 났다.

마흔이 되면서 다시 아이들과 만났다. 아이들과 함께 있다는 사실이 꿈만 같고 어쩔 줄 모르는 감동으로 하루하루가 쏜살같이 지나간다. 고등학교 아이들만 가르치다가 중학교 아이들을 가르치게 되니 얼마나 떠들어대는지 도무지 눈치가 없다. 한참 동안 재잘대는 아이들을 바라보노라면 이렇게 4지 선다형, 5지 선다형 속에 가두어 두어서 될 아이들이 아니라는 생각을 하면서도 나는 또 문제를 풀어나가고 한 달에 서른두 시간씩 보충수업을 하고 있었다.

처음 만나던 날부터 나는 수희의 고구마를 생각하면서 생일을 축하해 주자고 제안을 했다. 어떤 아이들은 좋다고 하고 어떤 아이들은 무슨 말인지 도무지 이해를 못 하는 듯하기도 하여 아이들의 생일을 조사했더니 자기의 생일을 기억하지 못하는 아이들이 많았다. 반응들이 시큰둥했던 이유를 그제야 알 수가 있었다. 먼저 모둠일기부터 쓰게 해야겠다고 바로 시작을 했고 이제 제법 자기들의 이야기를 적게도 되었다.

나는 이제 버릇처럼 무슨 일이든 하기 전에는 수희의 고구마를 생각한다. 때로는 실망하기도 하고 때로는 작은 고구마에 만족하면서 또 때로는 수희의 고구마처럼 감동적인 모습들을 발견하면서 오늘도 교단에 선다. 모든 아이들이 수희의 고구마야말로 물고

구마지만 얼마나 맛있는 고구마인가를 진실로 깨닫게 되기를 소
망하면서.

계란 후라이

똑똑똑

아침부터 내 방문을 두드릴 사람이 없는데……. 지나가는 바람이 잠시 길을 잘못 든 것일까. 이불을 당겨 머리 위까지 푹 덮어쓰고 조금이라도 더 잠을 벌어볼 심산이었다. 젊은 아침잠은 꿀보다 달콤하다. 유난히 아침잠이 많은 내게는 더더욱 귀한 시간이다.

똑똑똑

이번에는 아까보다 더 또렷하다. 바람의 힘으로 낼 수 있는 소리의 정도를 넘어서고 있었다. "할머니, 잠깐만 기다리세요!"

이 시간에 내 방문을 두드릴 사람은 주인집 할머니밖에 없다. 후다닥 일어나 옷을 입고 눈을 비비면서 문을 열었다. 문밖에는 할머니가 아니라 아이들 세 명의 말간 눈망울이 또랑또랑 나를 쳐다보고 있었다.

"너희들이 웬일이야?"

이불을 부랴부랴 개서 얹고 아이들을 방으로 들였다.

"오늘이 선생님 생신이잖아요."

"그래? 나도 모르는 생일을 너희들이 어떻게……."

아이들은 생글생글 웃으면서 상을 들고 들어왔다.

자기들이 자취방에서 사용하는 소반에다 하얀 쌀밥 한 그릇, 미역국에다 김을 구워서 올리고, 김치가 하나 더 있었던가. 따뜻한 보리차까지 물통에 담아서 들고 온 것이다.

한 아이가 주눅이 든 모습으로 쭈뼛쭈뼛 설명한다. 이건 얘가 한 것이고, 저건 얘가 한 것이고, 마지막 하나를 가리키며 그건 자기가 한 것이라면서 마치 무슨 잘못이라도 저지른 사람처럼 쑥스러워하면서 몸을 비튼다. 밥을 짓고, 미역국을 끓이고, 김을 굽고, 김치와 물을 준비하는 것을 각자 맡아서 했다는 이야기다. 경주의 작은 학교에서 아이들을 가르칠 때였다. 아이들의 밥상을 앞에 놓고 나는 미역을 사서 오물조물 물에다 불려서 주물렀을 아이들의 손을 생각했다. 전기밥솥도 없던 시절, 쌀을 씻고 냄비에 물을 맞추어서 타거나 질지 않은 밥을 하지 않으려고 애태웠을 아이들의 표정이 떠올랐다. 한 아이는 오늘 아침 소반도 없이 낡은 신문지 위에 쭈그리고 앉아서 밥을 먹을 것이다.

서른이 갓 넘은 젊은 교사가 아이들이 차려준 생일 밥상을 앞에 놓고 오랫동안 생각에 잠겨 있었다. 풋내 나는 소담스러운 정성 앞에서 결국 밥 한 그릇을 다 먹어버릴 수가 없었다. 반 정도를 먹고 덮어 두었다. 점심시간에 한 번 더 아이들의 정성을 음미하는 행복한 사색의 공간 속을 거닐고 싶은 유혹을 떨칠 수가 없었던 모양이다.

보답을 해야겠다는 생각을 하면서 그날 저녁 아이들을 내 자취방으로 초대했다. 가게에 가서 과일을 사고, 과자도 사고, 빵도 사서 푸짐하게 준비했다. 나름대로 제법 많이 차렸다고 생각했는데, 그래도 상이 초라하다는 생각을 지울 수가 없었다. 푸짐한 빈곤이랄까. 두어 가지를 더 사서 보탰다. 하지만 흡족하지 않았다.

　아이들의 밥상을 생각했다. 거기에 정답이 함께 놓여 있었다. 부랴부랴 가게로 달려갔다. 달걀을 서너 개 샀다. 프라이팬에 기름을 두르고 달걀을 깨어서 막 붓는데 아이들이 들어왔다.

　"선생님, 계란후라이 하세요? 제가 할게요."

　"아니오, 제가 할래요."

　"아니야, 계란후라이는 내가 제일 잘해!"

　서로 하겠다고 다투듯이 팔을 걷어붙였다. 누가 했는지, 함께 했는지 노른자를 곱게 드러낸 계란후라이가 상 가운데 자리를 잡았다. 드디어 상이 푸짐하게 다가왔다.

　정성이 제대로 들어가지 않은 상은 아무리 푸짐해도 초라하다는 것을 그때 배웠다. 아이들의 밥상보다 몇 배 비싼 나의 상이었지만 돈으로 차린 상은 영양가 없이 서늘하게 마련이다.

　"선생님, 계란후라이가 정말 맛있어요!"

　그 아이들이 지나치다 싶을 정도의 과장된 목소리로 내뱉던 칭찬을 세월이 갈수록 자꾸만 듣고 싶다.

마음의 길

마음에도 길이 있다. 가고 싶은 길을 따라가다 보면 내를 만나기도 하고 언덕을 만나기도 한다. 때로는 돌길을 걷기도 하고 꽃길을 만나기도 한다. 우리가 평소에 다니던 길이나 다름없이 다양한 길을 만난다.

어릴 때는 늘 비스듬히 굽은 길을 걸었다. 흙먼지가 날리는 길은 높으면 높은 대로 낮으면 낮은 대로 사람이 다닐 수 있을 만큼 자연스럽게 평평하면 다 길이 되었다. 큰길도 산을 가로지르지 않았다. 산을 따라 내를 따라 함께 나란히 걸었다.

마음의 길도 그랬다. 흘러가는 물처럼 자연스러웠다. 마음 가는 대로 나누고, 마음 가는 곳에 머물렀다. 우는 소리에 따라 찾아가고 헤어지는 새들처럼 마음으로 헤아렸다.

어디 아파? 아니야, 괜찮아. 위가 약한 아들을 위하여 배를 만지고, 말없이 약국을 찾는 엄마는 마음으로 아들을 읽어낸다. 아들이 어디가 어떻게 불편한지 의사보다 더 환히 알고 있다.

아령, 아령, 아, 아령! 잠꼬대로 지껄인 소리를 아버지가 다 알아

채고 꼭두새벽에 일어나 나무 아령 두 개를 다 깎아 놓으셨던 그 마음이 수십 년이 지난 지금도 그대로 읽힌다.

쿨럭쿨럭!

아무 말 없이 그 거친 손으로 손 시린 새벽을 깨우셨을 그 마음이 지금도 보인다. 그 마음은 오롯이 아들을 생각하는 순수한 마음이었을 거라는 걸 나도 아무 말 없이 마음으로 알아챈다.

아들이 왔으면 서로 이야기를 좀 나누지. 아내는 말없이 하는 대화를 이해하지 못한다. 그건 옆에 있다는 것만으로도 충분히 대화가 될 수 있다는 게 얼마나 흐뭇하고 행복한 일인지를 이해하지 못하는 데서 하는 말이다. 때로는 침묵 속에 더 많은 이야기를 주고받는다.

사람들은 사실 말로 하는 소통보다는 마음으로 하는 소통이 훨씬 많다. 더 정확할 때도 많다. 그것은 바로 상대방을 사랑하고 깊이 이해하고 있다는 것을 전제로 하기 때문이다.

학교에서 집으로 연락하는 데 붉은 전화기 한 대가 다였던 시대가 있었다. 이른바 '공중전화기'다. 아이들이 서 있는 줄의 끝이 보이지 않았다. 짧은 통화 내용을 전하는 목소리에 단호함이 실려 있었다. 아이들은 거의 필사적이었다.

"엄마, 오늘 학교 오지 마! 알았지! 오면 안 돼!"

'무슨 일이 있기에 저렇게 학교를 오지 말라고 하는 거지.' 하면서 무심하게 스쳐 지났다. 별난 녀석들이라고 생각했다. 그 전화는 1교시 시작종이 울리고 나서도 이어졌지만, 교사들이 제지하기에도 힘에 부쳤는지 들어올 때까지 조용히 기다렸다.

3교시가 다 되어서야 나는 그 내용을 제대로 알았다. 학부모들의 힘을 빌리고 싶었던 학교 측에서 학부모 회의를 잡았고 그 내용이 가정통신문으로 나간 것이었다. 그 내용을 몰랐던 아이들은 나를 보호하기 위하여 어떻게든 전화를 해야 했다.

그들의 마음이 전기보다 더 강한 전율이 되어 전해져 왔다. 아마 한참을 울었나 보다. 마음은 아이들이 말하지 않아도 이렇게 가장 빠른 길로 다가온다.

"선생님, 저희는 뭐가 옳은 것인지 모르겠어요. 제대로 설명해 주세요."

교장 선생님은 안 되는 이유를, 나는 그렇게 되어야 하는 이유를 이야기했다. 교육은 반드시 바뀌어야 한다는 것을 아이들이 다 이해하고 전폭적으로 나를 지지했다. 그런 가운데 엄마가 학교에 와서 일방적인 교장 선생님의 말씀만 듣게 해서는 안 되는 것이었다.

장대비가 그렇게 세차게 쏟아지던 날, 한 주일 동안의 동맹휴업은 결국 막을 내렸다. 전국에서 처음으로 방학이 시작되었고 아이들은 울면서 젖은 가방에 젖은 마음을 메고 집으로 돌아갔다.

노래 한 곡

"선생님, 노래도 잘하셨잖아요?"

"그럼 잘했지. 수업 시간에 들어가서 노래도 부르고 했었지."

까마득한 옛날이야기를 마치 어제 이야기하듯이 우리는 가까이 앉아 있었다.

"그러니까 30년 가까이 된 이야긴가?"

"그래요, 선생님. 저희가 벌써 마흔이 훨씬 넘었는 걸요."

어느 해 가을이었다. 웬 중년 부인이 교무실을 기웃거리고 있었다. 학교에 찾아오는 사람들은 으레 학부모이거나 학교에 아이를 보내고 싶어 하는 사람들이어서 별생각 없이 어떻게 오셨느냐고 물었다. 고향을 다녀가는 길에 학교 팻말을 보고 내가 여기서 근무하고 있다는 것을 기억해 내고는 무작정 들어왔다면서 깍듯이 인사를 한다.

"누구시지요?"

"선생님, 저 미영이에요."

워낙 미영이라는 이름이 많은 터라 '미영이……?'하면서 말꼬리를 흐렸다. 환하게 웃으면서 출신 고등학교 이름에다 자기 집이 있었던 동네 이름까지 듣고 나서야 그 미영이를 기억해 냈다.

상업고등학교에서 1학년 때 내가 담임을 했던 아이였다. 학교를 다니기 싫어하여 몇 번인가 가정방문 했을 때의 모습, 그때 빌려 타고 갔던 오토바이, 함께 데리고 갔던 실장, 폴짝 뛰어서 건넜던 작은 도랑의 모습까지 마치 영화의 한 장면처럼 하나하나 떠올랐다. 학교 다니기 싫다면서 몸을 뒤틀며 권태로운 짜증을 드러내던 모습까지도 내 기억의 마당 한구석에 오롯이 앉아 있었다. 그럭저럭 고등학교를 졸업한 후 참 오랜 세월을 뛰어넘어서 만나는 첫 만남이다.

"선생님, 죄송해요."

"왜? 뭐가?"

"고등학교 때 말썽부린 것도 그렇고……."

"까마득한 옛날이야기구나."

"졸업한 후 2년쯤 되었을 때였나 봐요."

그 아이는 졸업한 이후 2년쯤 된 어느 날을 더듬고 있었다. 아마 내가 해직이 된 모습으로 버스 정류소 앞에서 서명을 받고 있었던 모양이다. 반갑게 인사를 하고 안부를 물었어야 했는데 미영이는 멀리 돌아서 나를 피했다고 했다. 그때를 기억하면서 늘 미안한 마음으로 지금까지 살았다고 했다. 그때를 기억하고 있는 것을 보면 이번 만남이 미영이에게는 첫 만남은 아닌 셈이었다. 대전에서 살고 있다면서 이웃에서 사는 다른 친구도 나를 보고 싶어 한다고 했다.

　대전에 볼일이 있어서 가는 길에 이제 어른이 된 제자들을 만나기로 약속했다. 식사를 함께하면서 우리는 30년을 건너뛰었다. 가정방문도 가고, 밤에 자취방 방문도 하면서 옛날 친구들을 떠올리며 그립던 시절을 나누었다.

　"선생님, 노래도 잘 하셨잖아요?"

　"그럼, 잘 했지!"

　우리는 다 함께 맘껏 웃었다.

　"그때 내가 불렀던 노래가 무슨 노래였는지 알아?"

　아이들은 노래 제목까지는 기억하지 못하고 있었다.

　"바로 유심초가 부른 '사랑으로'였어. 별처럼 아름다운 사랑이여, 꿈처럼 행복했던 사랑이여, 머물고 간 바람처럼 기약 없이 멀어져간 내 사랑아……."

　잠깐 몇 소절을 불렀더니 박수를 치며 야단이다. 그때는 그랬다. 수업 시간이 지루하게 느껴질 때쯤 되면 아이들은 "선생님, 노래 한 곡 불러 주세요!"하고 졸랐고 교사들은 한 곡쯤 노래를 준비하여 주머니 속에 넣어서 다녔다.

　늘 같은 노래만 부르다 보면 아이들이 "선생님, 또 그 노래예요?"하면서 다른 노래를 청한다. 그런 상황을 생각하면서 또 한 곡을 준비했던 것이 바로 가곡 '목련화'였다. 그때만 해도 그 노래가 그렇게 좋을 수가 없었다. 몇 날을 준비하여 이제 아이들 앞에서 불러도 좋을 만큼 연습이 되었다. 드디어 어느 반에서 노래를 청했고, 나는 자신 있게 '목련화'를 불렀다. 그 소문은 삽시간에 다른 반까지 물감처럼 퍼져나갔다. 들어가는 반마다 '목련화'를 외쳤다. 수업이 들었던 모든 반에서 부르게 되었는데 문제는 그다음이었다.

음악 시간에 감상곡으로 '목련화'를 들었던 모양이다. 얼마 후 있었던 시험문제에 '목련화'를 부른 가수 이름을 묻는 문제가 출제되었고 그 답지에는 '엄정행'으로 답을 쓴 아이들이 반 정도가 되었는데 나머지 반 정도의 아이들은 내 이름을 써낸 것이었다.

음악 선생님이 도대체 무슨 영문인지를 몰라서 그 답지를 들고 나를 찾아왔다. 도무지 웃음이 나와서 설명할 수가 없었다. 배를 잡고 웃고 있는 나를 뚱하니 쳐다보던 그 젊은 음악 선생님의 표정을 지금도 잊을 수가 없다.

아이들도 내 이야기를 듣고는 배를 잡고 웃었다. 그때 그 시절에는 교실에 컴퓨터는 없었지만 이렇게 노래가 있었다. 선생님 노래 한 곡을 듣고는 다시 연필을 잡던 아이들의 모습이 새삼 그 시절 그 모습으로 떠오른다.

풍요로운 결핍

삶은 이야기를 만들어 가는 과정이다. 삶이 이야깃거리로 꽉 찬 바구니가 된다면 얼마나 아름다울까. 풍요로운 향기로 가득 차지 않을까.

하지만 삶이 반드시 행복한 이야기로만 채워지는 것은 아니다. 오히려 환난과 고통의 이야기가 힘있게 똬리를 틀고 들어앉을 때가 더 많다. 행복보다는 고통의 강도가 늘 과장된 모습의 탈을 쓰고 다가오기 때문이다.

그래서 늘 마음을 밝은 곳으로 기울이려고 애를 써야 한다. 작은 일이라도 새로운 마음으로, 긍정성을 담아, 호기심을 가지고 다가서는 마음이라야 거기에 꽃이 핀다. 맛있는 열매를 맺는다.

젊은 교사 시절이었다. 가난한 시대여서 어렵게 사는 아이들이 많았다. 주로 기숙사를 이용하거나 자취를 하였다. 나도 사정상 자취를 하고 있던 터라 한 주일 가운데 하루 저녁은 자취하는 아이들을 돌보는 시간으로 쓰기로 했다.

식사는 제대로 하고 있는지, 어떻게 살고 있는지 궁금하기도 했고, 만나서 이야기를 나누며 그 아이를 깊이 알게 되는 즐거움도 있었다. 보통 두세 명이 같은 방에서 살고 있었다. 청소와 설거지를 말끔하게 끝낸 아이들을 칭찬하기도 하고, 애로사항을 듣고 위로하기도 하였다.

대부분 시골에서 온 소박한 아이들이어서 쑥스러워하는 빛이 역력했다. 어떤 아이들은 그 가운데서도 제법 자기 이야기를 잘하는 아이들이 있었고, 과일을 준비해 두고 그 시간을 기다리는 아이도 있었다. 제법 이야기가 이어지는 아이도 있었지만 어떤 아이는 밖에서 몇 마디 주고받는 말로 만남을 끝내기도 했다.

학교와 제법 멀리 떨어진 공설운동장 옆에 살던 아이가 있었다. 저녁 만남은 쉽지 않은 거리여서 낮에 찾아갈 수밖에 없었다. 아마 토요일 오후쯤이었을 것이다. 자전거를 타고 그 아이 집을 찾았다. 오빠 밥과 도시락까지 책임을 져야 하는, 쉽지 않은 자취생활을 하고 있었다. 마당에 놓인 들마루에 앉았다.

"선생님, 잠깐만요."

나 혼자 들마루에 남겨두고 어디론가 헐레벌떡 뛰어나갔다. 잠시 후 숨찬 그 아이의 손에는 얼음과자 두 개가 들려 있었다.

각자 하나씩 들고 빨면서 많은 이야기를 나누었다. 그때 나눈 이야기가 참 향기로웠다. 그때 먹었던 얼음과자가 지금까지 먹어 본 그 어느 얼음과자보다 달콤했다.

몇 달 후, 다시 그 아이를 찾아갔다. 그때는 얼음과자를 살 돈도 없었는지 자취하는 집 자두 두 개를 뚝 따서 씻어 가지고 왔다.

"괜찮아요, 선생님. 주인아주머니가 따서 먹으라고 했어요." 하면서 배시시 웃었다. 그 어느 자두보다 더 맛이 있었다.

조용한 성격의 아이였지만 나를 따르는 모습이 눈에 그대로 보였다. 환경정리를 해도 남아서 함께 하고, 비밀친구 편지함에서도 자주 만났다. 마치 비밀처럼, 꼭꼭 숨긴 채 말하지 않아도 그 아이의 마음을 알 것 같았다.

얼음과자 하나, 자두 한 알이 그 아이와 나 사이에 놓임으로써 두고두고 할 이야깃거리가 생겼다. 나는 다른 사람들에게 그 얼음과자와 자두를 이야기했고, 해왔고, 지금도 하고 있다. 이야기할수록 얼음과자와 자두의 당도는 더 높아지고, 추억 속의 한 토막 이야기가 아니라 지금 살아 있는 삶 가운데로 얼음과자와 자두가 또박또박 걸어 나온다.

그 후에도 그 아이와 함께 나누는 이야기는 이어졌다. 학교를 졸업한 후에도 마침 가까운 데서 직장생활을 하고 있던 터라 가끔 그곳에 들러 이야기를 나누었다. 결혼을 결정할 때도 내게 조언을 구하였고, 결국 그 총각과 결혼하여 행복하게 살고 있다. 결혼 후에는 같은 성당 같은 구역에 살면서 두루두루 만나는 시간을 가졌다.

가끔 그 아이는 함께 공부했던 친구들을 모아서 식사하는 자리를 마련하거나 차를 마시면서 추억을 더듬는 시간을 만들었다. 딸하나 아들 하나를 낳아 길러서 그 딸아이가 중학생이 되었는데, 공

교롭게도 내가 그 아이의 담임이 되었다. 대를 이어서 담임을 맡게
되는 계기는 그 아이와 나의 이야기를 더욱더 풍성하게 했다.

부는 풍요로운 이야기를 낳기가 어렵다. 오히려 이야기는 가난
한 마음에 더 풍성한 꽃을 피운다. 그 안에 정성이 담겨 있기 때문
이다. 그 안에 오롯한 마음이 담겨 있기 때문이다.

나는 오늘도 또 다른 이야기를 만나기 위하여, 만들기 위하여
길을 나서면서 가슴이 설렌다. 설렌 가슴으로 사람들을 만난다.

부모와 교사의 거리

"교장 선생님이 참 좋은 분이셨어. 잊을 수 없는 분이야."

중학교 시절, 교장 선생님에 대한 추억을 남다르게 가지고 있는 어떤 친구를 보면서 놀라웠다. 보통 담임 선생님에 대한 추억을 아름답게 가지고 있는 경우는 많아도 교장 선생님에 대한 추억을 소중하게 가지고 있는 경우는 드물기 때문이다.

그 당시만 하더라도 중학교에 입학하는 것도 어려운 시기였다. 집안 형편이 어려워서 2학년을 마치고 휴학을 한 채, 1년 동안 소위 아르바이트를 하다가 다시 3학년에 복학하고 졸업하는 과정에서 교장 선생님이 보여준 친절한 안내는 지금도 잊을 수 없는 추억으로 친구의 마음속에 남아 있다고 했다. 아르바이트로 번 돈으로는 6개월 정도의 공납금밖에 낼 수 없는 처지였는데 교장 선생님의 배려로 졸업을 하게 되었고 지금은 반대로 어려운 아이들을 도우면서 살아가는 아름다운 목회자가 되었다.

교장 선생님이 사비로 해결하셨는지, 학교에서 장학금 명목으로 처리를 하였는지는 명확하지 않지만, 이 친구의 인생에 교장 선생님이 끼친 영향력은 작지 않아 보인다.

교장 선생님은 풍모 자체가 참 크신 분이었는데 아울러 넉넉한 인자함을 늘 얼굴 가득 품고 계신 분이었다. 조회 시간에 쓸데없는 이야기로 우리를 지루하게 하지도 않으셨고, 오래된 건물을 교장실로 쓰시다가 아이들의 도서관으로 쓰도록 자리를 비켜주신 분이기도 했다. 너른 마음으로 우리를 품어주셨다는 생각이 들게 하셨던 교장 선생님은 우뚝 서서 학교를 포근하게 안고 있던 주흘산처럼 넉넉하게 내 마음속에도 남아 계신다.

마침 자형이 교장 선생님과 같은 집안이었고 참 훌륭한 분이라고 몇 번이나 되뇌어 말씀하셨던 기억이 있었다. 하지만 마지막에는 늘 쯧쯧쯧 혀를 차시면서 소설 같은 이야기를 들려주시곤 했는데 나로서는 이해하기 참 어려운 이야기였다.

교장 선생님은 고향에서 꽤 이름난 지주의 아들로 태어나셨다고 했다. 살림살이에 전혀 어려움을 모르고 살아오신 선생님은 아들을 어떻게든 성공시켜 보겠다고 작심을 하신 모양이었다.

"어떻게든 서울대학교 법과대학을 가야 돼. 알겠지? 그래야 크게 성공할 수 있는 거야."

고등학교를 졸업한 아이를 서울로 보내 '서울대학교 법과대학'이라는 목표를 정해놓고 아이를 다그치셨다고 했다. 안정된 상황에서 아들이 공부할 수 있도록 고향 땅 50마지기를 팔아서 아예 압구정동에 있는 옛날 기와집 하나를 사서 할머니가 뒷바라지하도록 배려하시는 것도 잊지 않으셨다. 하지만 재수를 하고 삼수를 하고도 목표를 달성하지 못했고 네 번째 시험에서 드디어 목표를 달성하게 되었다. 교장 선생님은 마을 잔치를 크게 벌였고 근동의 경사 중 큰 경사로 소문이 났다.

호사다마라고 했던가 1학년에 재학 중이던 아들이 병을 얻었고 결국 휴학을 한 후 고향으로 내려왔다. 산과 들을 헤매고 다니면서 곤충들과 이야기를 하고 풀꽃 앞에서 오랫동안 앉아서 시간 가는 줄을 몰랐다. 사람들을 보면 무표정하던 얼굴이 개구리나 잠자리를 만나면 꽃처럼 활짝 피어났다고 했다. 매일 방랑객처럼 숲속을 돌아다니다가 어느 날 마을 뒷산에서 싸늘한 시체로 발견되었다.

마치 소설에서나 나올 수 있는 이야기처럼 극적이다. 이 이야기를 들으면서 부모와 교사의 거리를 가늠해 본다. 그 거리 사이를 가득 메우고 있는 것은 도대체 무엇이었을까?

50마지기를 팔아서 산 집이 나중에는 500마지기도 더 살 수 있는 돈으로 껑충 뛰었다고 하지만 그게 무슨 기쁨이 될 수 있었을까? 교사의 눈으로 바라보는 아이와 부모의 눈으로 바라보는 눈 사이는 같은 눈이지만 참 거리가 멀다는 것을 실감한다.

봄 소풍

　지금은 두 아이의 어엿한 엄마가 되어 있지만, 오랫동안 말없이 봄을 기다리는 계집아이가 있었다. 오래된 낡은 이야기지만 봄이 오면 또렷이 떠오르는 그 봄 소풍 때의 따스한 햇살을 잊을 수가 없다.

　고등학교 3학년이었지만 키가 130센티미터도 채 되지 않는 자그마한 체구로 종일 한마디도 하지 않은 채 집으로 돌아가는 날이 더 많은 아이가 있었다. 봄 소풍을 마치고 돌아오는 길에 저만치서 혼자 타박타박 걸어가고 있는 아이를 불러 세웠다.

　"왜 혼자 가니?"

　고개를 들어 얼핏 올려다보는 듯하다가 그냥 생긋이 웃고는 그만이었다.

　"나하고 같이 가자!"

　아이의 자그마한 손을 잡았다. 고등학교 3학년이면서도 거의 자라지 못한 손이 내 손 안에서 부끄러운 듯 달싹거렸다. 아마 다른 예쁜 아이의 손을 잡았으면 다른 아이들의 질투심이 나를 그냥 두지 않았을 것이지만 그 아이는 예외였다. 덕분에 우리는 학교까지 30분 남짓 걸어가야 하는 길을 함께 손을 잡고 걸으면서 참 많은 이야기를 나누었다.

이야기라고 해봐야 내가 물으면 겨우 대답하는 정도였지만 아마 그 아이가 태어나서 그때까지 한 이야기만큼이나 많은 이야기를 나누었다는 생각을 했다.

그 이튿날부터 그 아이는 나의 스토커가 되었다. 쉬는 시간에도 교무실 앞에서 내 자리를 기웃거리기가 일쑤였고, 점심 식사를 마치고 나오는 식당 앞에서도 여지없이 그 아이를 만났다.

"점심 맛있게 먹었니?"

"예."

생긋이 웃으면서 짧은 대답을 내뱉고는 부끄러운 듯 사라져 버린다.

나는 점심시간에 아이들이 운동장에서 뛰어노는 모습 보는 것을 즐겼다. 응원석으로 만들어 놓은 계단 맨 꼭대기에 앉아서 신나게 노는 아이들을 바라보노라면 일상 속에서 복잡해졌던 마음이 시원하게 풀리곤 했다. 아이들을 바라보는 내 시선 반대편 끝에는 늘 그 아이가 앉아 있었다. 꽤 먼 거리였지만 나를 바라보고 있는 시선이 강하게 느껴졌다.

상업고등학교 학생들은 3학년 2학기가 되면서 실습 겸 임시 취업을 나간다. 그때만 해도 일손이 많이 모자라는 때라 일을 하기가 쉽지 않을 것 같은 그 아이도 취업이 되어 경기도 어느 회사로 가게 되었다. 취업을 나간 지 한 주쯤 지났을까, 나는 익명의 편지를 매일 한 통씩 받았다. 마치 끝까지 자기의 이름을 밝히지 않으려는 듯이 늘 편지 끝에는 '어느 소녀가'하는 말만을 남기고 마무리를 했다. 개발새발 쓴 편지여서 쉽게 그 아이의 편지인 줄 알았지만 모르는 척했다.

한 달쯤 그렇게 편지를 보내더니 결국 내게 선심 쓰듯 자기 이름을 밝혔다. 그 후에도 계속해서 편지를 보내왔다. 그 어눌한 편지를 읽으면서 나는 복지 시설이 부실한 작업장을 엿볼 수가 있었고, 찬물에 터진 그 아이의 손도 만나고, 봉급을 빌려 가서 갚지 않는, 기숙사에서 같은 방을 쓰는 매정한 언니들도 만났다. 나중에 학교를 방문하신 그 아이 어머니는 6개월 봉급 통장에 단돈 6만 원만 달랑 남아 있었다고 하면서 눈물을 훔치셨다.

그 아이는 졸업 후 다시 그 회사로 갔다. 한동안 다시 편지가 왔다. 늘 회사에서 있었던 일들을 몇 줄로 적어 보냈다. 말수가 적은 것에 비하면 편지는 긴 편이었다. 그렇게 줄기차게 보내오던 편지가 끊어지더니 전화를 걸어왔다. 커다란 변화였다. 아무래도 무슨 일이 있는 듯했다. 전화를 걸어야 할 만큼 무슨 환경의 변화가 있는 게 틀림없었다.

"너 무슨 일이 있구나? 맞지?"

"예, 저 결혼했어요."

같은 회사에 다니는 남자와 결혼을 했다고 했다. 목소리에 행복이 묻어 있었다. 축하의 말을 전한 다음, 이것저것 꼬치꼬치 물었다. 마치 고등학교 3학년 봄 소풍을 다녀오던 그때처럼 나는 묻고 그 아이는 대답했다. 그 아이는 언제나 단답형이었지만 그 짧은 대답의 파편들을 모으면 그녀의 삶이 환히 보였다.

한 주에 한 번씩은 전화가 왔다. 별로 할 이야기가 없을 때는 '잘 지내니?' '예.' '그래, 건강히 잘 지내라.' 정도로 끊기도 하고, 결혼 후에는 신랑의 안부나 시어머니의 근황이 전화의 주된 내용이 되곤 했다. 행복한 결혼 생활을 보내고 있었고, 사내아이도 낳았다. 차츰 전화가 뜸해졌다.

그러던 어느 날 그 아이가 전화를 걸어서 '선생님!' 하고 한마디 하더니 아무 말이 없었다. 내가 물어도 대답도 하지 않았다. 쌔근쌔근 숨소리만 전화선을 타고 가늘게 들려왔다. 무슨 일이 있구나, 짐작하면서 한참 동안 기다렸다. 한참 후에 내가 묻는 말에 마치 남의 일을 전하는 듯한 건조한 말투로 남편이 교통사고로 죽었다고 했다. 몇 달 후에는 아들이 심장 수술을 했고, 가끔 시어머니가 편찮으시다는 이야기도 했다. 전화 오는 횟수가 다시 잦아졌다. 이제는 남편의 이야기는 말할 것도 없으려니와 시어머니의 이야기도 아이의 이야기도 묻기가 조심스러웠다.

전화 속 내 질문마저 메말라갈 무렵, 개가 소식을 역시 건조한 단답형으로 짤막하게 이야기했다. 그 아이는 환경미화원 남편을 만나 재혼을 한 것이다.

"잘 해 주니?"

"예."

매주 한 번씩은 오던 전화가 다시 뜸해졌다. 전화 오는 간격이 2주에서 한 달쯤으로 바뀌는 동안 두 아이를 낳았고, 그 아이들이

학교에 들어갈 나이가 되었다. 자기보다 키가 훨씬 큰 아들을 데리고, 친정을 왔다 가는 길이라면서 어느 해 봄 우리 집을 들렀다. 20년이 가까워진 세월을 사이에 두고 작은 키에 맞지 않는 한복을 땅에 끌면서 두 아이의 엄마로 내 앞에 선 그 아이는 조금도 변한게 없었다. 역시 자그마한 손으로 묻는 말에 간단한 대답을 하고, 내 앞에서는 생긋이 웃으며 부끄러워했다.

어눌한 인사를 남기고 돌아서는, 이제는 어른이 된 그 아이의 손을 엄마보다 키가 큰 아들이 살며시 잡더니 무언지 모를 이야기를 다정하게 나누며 타박타박 걸어간다. 전혀 변한 게 없어 보이던 그 아이의 뒷모습이 많이 커 보였다. 두 사람의 등에 비치는 봄 햇살이 너무 따사로워 보였다.

인기투표

어느 언론에선가 '좋은 선생님'에 대한 의견을 물었던 적이 있었다. 여러 가지 다양한 대답들이 나왔다. 친절한 선생님, 잘 가르치는 선생님, 유머 있는 선생님, 잘 웃는 선생님, 실력 있는 선생님, 엄격한 선생님, 자애로운 선생님, 잘생긴 선생님……. 예상했던 대로 참 많은 대답이 쏟아졌다고 했다. 가장 많은 표를 받은 것은 어떤 선생님이었을까?

오래전 근무했던 학교에서 나는 참으로 놀라운 모습을 발견한 적이 있었다. 그때만 해도 중학교 아이들이 선생님들을 대상으로 인기투표를 하는 게 유행처럼 퍼지고 있었다. 1학년 2반 수업을 들어갔는데 뒤쪽 게시판에 '선생님들 인기투표 결과'라고 하는 제목이 커다랗게 눈에 들어왔다. 궁금해서 견딜 수가 없었다. 하지만 무턱대고 뒤쪽으로 가서 확인하기에는 너무 속이 보이는 행동이었다. 별로 관심 없는 듯이 수업을 하다가 아이들에게 책을 읽게 하면서 자연스럽게 뒤쪽으로 발걸음을 옮겨 가서 확인했는데 참으로 놀라운 결과가 그 안에 있었다.

누가 제일 높은 점수를 받아야 할까. 당연히 담임 선생님이 제일 큰 점수를 받게 되어있다. 그렇지 않고는 한 해가 편안하게 굴러가기가 쉽지 않다는 것 정도는 중학교 1학년 아이들이라고 해서 모를 리가 없다. 그런 점에서 사실은 2위가 1위다. 그 2위에 50대 중반의 늙은 남자 선생님이 올라 있는 상황을 확인하고는 깜짝 놀랐다. 어떻게 이런 결과가 나올 수 있었을까?

이제 교직 막바지에 다가올수록 교사들의 모습이 눈에 들어온다. 각양각색의 모양으로 아이들과 함께 하는 교사들의 모습을 보면서 이런 면에서 아이들이 좋아하겠구나 하는 게 느껴진다. 어떤 교사들은 참으로 뛰어난 재주를 가지고 있다. 교과 실력에서 뿐만이 아니라 다양한 창의성으로 아이들에게 다가간다. 아이들은 그런 교사들을 보면서 열광한다.

어떤 교사들은 재주는 없어도 열성적으로 아이들에게 다가간다. 눈높이를 낮추고 아이들과 함께한다. 어쨌든 젊은 교사일수록 아이들과 함께할 수 있는 열정과 여유를 가지고 있다. 그런 점에서 아이들은 젊은 교사들을 좋아할 수밖에 없겠구나 하는 생각이 들기도 한다.

그러면 아이들이 참으로 좋아하는 교사는 어떤 모습의 교사일까? 언론의 조사 결과나 1학년 2반 아이들의 인기투표 결과나 같은 맥락 위에 있었다. 특별한 재주가 없을지라도 늘 아이들과 함께하며 늘 그 자리에 있어 주는 교사, 즉 일관성이 있는 교사가 가장 높은 점수를 받았다고 했다.

왜 그런 결과가 나왔을까 궁금했다. 아이들은 아무래도 열정적인 교사를 좋아하거나 재주 있는 산뜻한 선생님을 좋아할 것 같았기 때문이다. 하지만 20년 전이나 지금이나 늘 그 자리에 있어 주는 선생님을 아이들이 좋아하는 것을 보면서 그게 어디서 온 심리일까 하고 생각하다가 문득 '엄마'가 떠올랐다. 엄마가 정답이었다. 늘 그 자리에 그 모습 그대로 있어 주는 엄마가 아이들에게는 가장 편한 자리일 것이었다.

엄마처럼 편안한 자리가 어디 있을까? 아무 걱정 없이 늘 그 자리에 그대로 있어 주는 가장 아늑한 자리, 바로 엄마였다. 그러니까 아이들은 늘 엄마 같은 선생님을 찾고 있다는 것이다. 50대 남자 선생님의 인기 비결은 다른 게 아니었다. 늘 그 자리에 그대로 빙그레 있어 주는 것이 가장 큰 비결이었다.

늘 '엄마'라는 이야기만 나와도 콧등이 찡해 오는 것은 엄마가 늘 그 자리에서 나를 지켜봐 주고 계셨기 때문인 것을 알겠다. 조금 실력이 모자라도 늘 웃으면서 함께 하는 선생님을 아이들이 좋아하는 이유를 알겠다.

그러고 보면 반드시 큰 능력을 타고나지 못해도, 돈을 많이 벌지 못해도, 잘 생기지 못해도 아이들 곁에 있어 주는 것만으로 좋은 엄마, 좋은 선생님이 될 수 있다는 것은 우리에게 편안한 희망으로 다가온다.

무관심한 관심

　관심의 문밖에는 늘 바람이 분다. 누군가, 누구든 서성이는 발자국 소리가 바람결에 실려 와 까무룩 잦아들다가 다시 일어서기를 반복한다. 그 소리가 희미할수록 귀는 더욱 예민해지고 더욱 강하게 일어서는 조바심으로 애를 태운다.

　관심의 문은 턱이 높다. 조심하지 않으면 걸려서 넘어지는 소리가 크다. 아무리 조심스럽게 넘어서 살금살금 들어서는 발자국이라고 하더라도 그 소리가 작을수록 가슴을 끌어당기는 묘한 힘이 있다.

　자폐증을 앓는 아이가 있었다. 자기 속에 갇혀 사는 아이였다. 자기를 방해하는 어떤 것들에도 익숙하지 않았던 그 아이는 다른 사람들을 언제나 경계하는 눈초리로 바라보았다. 조금이라도 지나친 관심이 다가올 때는 자기도 어쩔 수 없는 분노의 발길질을 해댔다.

"닷새도 못 견딜걸요."

그 아이가 다니던 학교 교장이 한 말이었다.

관심을 가질수록 아이의 시간은 피폐해졌고, 그곳은 견딜 수 없는 곳이 되었다. 유리창을 열고 뛰어내리고 싶어 했고, 버럭버럭 소리를 지르고 싶어 했다. 다른 사람들 눈에는 당연히 폭력이라고 밖에 표현할 수 없을 정도의 몸부림을 쳤고, 그럴수록 사람들은 더욱더 옥죄려고 들었다. 유리창 틀에서 뛰어내리는 것도, 소리를 지르는 것도, 순종하지 않는 몸부림도 아이와 다른 사람들 모두에게 두려운 모습으로 다가왔다.

그 아이가 우리 학교로 전학을 오고 싶다고 하던 날부터 회의가 이어졌다. 태어난 이후부터 지금까지 그 아이에게 있었던 일들을 엄마의 입을 통하여 듣고, 그 병에 대한 이해도를 높이기 위하여 여러모로 찾아 읽으면서 나누고, 같이 살 아이들이 그 아이를 이해하고 받아들일 수 있도록 설명하는 작업이 이어졌다.

여러 번의 회의를 통하여 우리가 내린 결론은 '무관심한 관심'이었다. 그 아이에게 아무런 관심이 없는 것처럼 대하되 지극한 관심을 가지고 바라보자는 것이 우리가 최종적으로 내린, 쉽지 않은 교육 방법이었다.

교사들도, 아이들도 그 약속을 잘 지켰다. 닷새도 못 견딜 거라던 아이가 1년이 넘게 잘 견뎌냈다.

33년 동안 교단을 지키다가 드디어 퇴임하던 날, 아이들을 가장 사랑하는 교사는 어떤 모습이어야 할까 생각했다. 아이들은 좋아하는데 교사가 그렇게 하지 못하는 일을 찾으면 된다는 생각이 들었다. 그것은 바로 '아무것도 하지 않는 것'이었다. 아이들은 스스로 하는 일을 가장 좋아한다. 교사들은 그것을 가장 견디기 어려워한다. 아무것도 하지 않는 것이 가장 어려운 시대가 되었다.

부모도 마찬가지다. 아이들을 자신의 손안에 올려놓고 일거수일투족을 관심의 테두리 안에 두고 싶어 한다. 뛰어나가려고 하는 아이와 잡아두려고 하는 부모의 밀고 당기기는 어느 한쪽이 포기하기 전에는 끝나기 어려운 싸움이다. '아무것도 하지 않는 것'이 어려운 상황은 가정에 훨씬 더 깊숙하게 들어가 있다.

공교롭게도 아무것도 하지 않는 것이 사랑이 되는 시대에 우리는 살고 있다. 가정교육이나 학교 교육이 힘을 잃은 지 오래되었지만, 가정도 학교도 인정하지 않는다. 스스로 일어서려고 하는 아이를 온갖 핑계를 대면서 일어서지 못하게 하는 것이 마치 교육인 것처럼 착각하는 가정과 학교는 아무것도 하지 않는 것이 가장 잘하는 것이라는 사실을 언제쯤 깨닫게 될까? 그것이 아이를 바로 서게 하는 가장 아름다운 사랑이라는 것을 언제쯤 알게 될까?

손

　손은 우리 몸에서 가장 부지런하게 쓰인다. 허드렛일에서부터 큰일에 이르기까지 종갓집 푸짐한 일들을 깔끔히 처리해내는 맏며느리처럼 늘 일거리를 안고 산다.

　손은 사고력은 떨어지지만, 머리가 보낸 지시를 순하게 받아들이는 착한 도구다. 온갖 재주를 품고 살면서도 특별히 자신을 드러내지 않는 순박함이 있다. 험한 일도 마다하지 않고 묵묵히 실천하는 우직함에다 머리의 요구보다 더 섬세하고 화려하게 만들어내는 예민한 감수성도 가지고 있다.

　이런 일들을 해내는 도구의 성격보다 훨씬 더 손을 손답게 하는 것은 어쩌면 눈에 보이지 않는 능력을 드러낸다는 점이다. 엄마 손의 위력은 예상보다 강하다. 배를 만지면 막혔던 위가 뚫리고 머리를 만지면 열을 내리게 한다. 음식에 맛을 불어넣고 힘을 불어넣는다.

　"엄마의 손맛은 정말 대단해요."

세 딸이 친정에서 매실을 딸 때면 어김없이 모였다. 정성스레 딴 매실을 나누어 가지고 가서 각자 매실 효소를 담았다. 같은 밭에서 딴 매실을 가지고 같은 설탕으로 담아도 딸들의 매실액 맛이 엄마가 담은 매실액 맛을 따라가지 못했다.

딸들은 너무 이상했다. 똑같은 매실인데 맛이 달라지는 비결이 뭘까? 아무리 비교를 해 봐도 다를 게 없었다. 나중에 엄마가 매주 한 번씩 손으로 매실을 저어준다는 이야기를 듣고서야 그게 바로 엄마의 손맛이라는 것을 깨달았다고 했다. 옆집 영이 엄마의 이야기다.

통학생이 많은 우리 학교는 아이들이 버스를 타고 다녔다. 아침에 버스를 내려서 길을 건너는 것이 위험해 보여서 교사와 두어 명의 학생들이 경광등을 들고 교통정리를 했다. 두 번에 걸쳐서 10분 정도의 간격으로 오는 아이들을 그렇게 먼저 길에서 만났다.

버스를 기다리는 동안, 오가는 차들을 향해 경광등을 흔들면서 인사를 했다. 어떤 사람들은 반응을 보였으나 대부분 반응이 싸늘했다.

"이렇게 인사를 하다 보면 우리도 기쁘지만 오가는 사람들도 기분이 좋을 거야. 이게 바로 기쁘게 살아가는 방법이 아닐까."

이렇게 아이들에게 이야기하면서도 반응이 썰렁한 것은 아무래도 서운했다. 어느 날 급하게 나오느라 경광등을 가지고 나올 시간이 없었다. 그냥 손을 흔들었다. 반응의 폭이 급격하게 커졌다. 오가는 차 안에 있는 사람들이 마주 손을 흔들었다. 핵심은 손이었다. 손이 가지는 힘이었다.

다음날부터는 경광등이 있어도 손을 흔들었다. 마주 오는 차들도 한결같이 손을 흔들거나 경적을 울리거나 헤드라이트를 깜빡이며 반가워했다.

손은 사람과 사람을 반갑게 연결하는 끈이다. 악수하면서 상대방의 따뜻한 마음을 읽어 내고 머리를 쓰다듬으면서 예쁜 아이를 만난다. 얼굴을 감싸 쥔 채 슬픔을 오롯이 받아내기도 하지만 한 움큼 담긴 눈물을 깨끗이 비워내고 나면 대신 마음에 평화를 하나 가득 담아 오기도 하는 게 바로 손이다. 손을 잡고 가만히 있기만 해도 슬픔이 가셔지고 기쁨이 넘친다.

이게 바로 손이 지닌 마력이다. 손을 흔들며 살아야겠다. 쑥스러움을 무릅쓰고 한 번 두 번 흔들다 보면 손으로 기쁨이 전달되고 그 전달된 기쁨이 다시 내게로 손을 흔들어 줄 테니까.

마치면서

오래된 집에서 풍겨 나오던 어머니의 미소가 떠오릅니다. 삶이 피고 지는 자리에 머물던 햇살, 그리고 그늘, 골목을 드나들던 발자국 소리, 저녁마다 피어오르던 저녁밥 짓는 연기…. 그 작은 풍경들이 결국은 나의 삶을 지탱해 준 고마운 배경이었습니다. 돌아보면 나의 삶에 그리 특별한 순간은 많지 않았습니다. 사소하다고 여겼던 순간들이 모여 삶이라는 긴 강을 이루고 있었습니다.

가난했던 날들이 제게 남겨준 것은 결핍이 아니었습니다. 오히려 모자람 속에서 더 크게 자라난 감사였고 행복감이었습니다. 비워진 자리에서 새롭게 피어난 기쁨이었습니다. 가진 것이 적어 빈자리가 많았기에 작은 것들에도 오래 눈길을 둘 수 있었고 잃어버린 것이 있었기에 남아 있는 것들의 귀함을 알뜰하게 알게 되었습니다. 그 모든 경험이 제 삶을 풍요롭게 하는 또 다른 얼굴이 되어 주었습니다. 삶은 늘 불완전했습니다. 때로는 무거운 그늘에 잠기기도 했고 때로는 뜻하지 않은 이별 앞에서 마음을 잃기도 했습니다. 하지만 그 불완전함 속에서 배운 것이 있습니다. 삶은 완전해야 빛나는 것이 아니라 불완전하기에 더 단단히 우리 곁에 남는다는 것. 그늘이 있어야 햇살이 빛나고 눈물이 있어야 웃음의 무게가 깊어진다는 사실이었습니다.

이 글들을 쓰며 저는 또 배웁니다. 삶을 지탱하는 것은 크고 화려한 것이 아니라 작고 단단한 뿌리들이라는 것을. 고구마 한 알, 떡 한 조각, 아이들의 미소, 이웃의 따뜻한 손길 같은 것들이 결국은 제 삶을 지켜온 풍경이었습니다. 그것들이야말로 제가 살아가는 힘이었고 글을 쓰게 한 원천이었습니다.

이제 책을 마무리하며 제 이야기가 읽는 이들의 삶 속에서 작은 울림으로라도 머물기를 소망합니다. 무심히 스쳐 갔던 풍경들이 문득 귀하게 다가오기를 바랍니다. 사소하게 여겼던 순간이 사실은 가장 단단한 뿌리였음을 깨닫는 계기가 되었으면 합니다. 풍요로운 가난, 그 모순된 이름 속에서 저는 비로소 제 삶을 이해할 수 있었습니다. 부족했으나 넉넉했고, 작았으나 깊었으며, 사라졌으나 여전히 남아 있던 것들. 그것이 제 삶의 진실이었고 이 책에 담긴 작은 고백이라는 사실을.

제게 주어진 이 모든 날들과 사랑하는 이들에게 깊은 감사의 마음을 전합니다.

풍요로운 가난
이상훈 산문집

인쇄 2025년 11월 11일

발행 2025년 11월 22일

발행인 이은선

발행처 반달뜨는 꽃섬 [서울시 송파구 삼전로 10길50, 203호]

연락처 010 2038 1112 E-MAIL itokntok@naver.com

ⓒ 이상훈, 저작권 저자 소유

ISBN 979-11-91604-61-0 (03810)